LES VERITABLES SENTIMENS DE S. AVGVSTIN ET DE L'EGLISE, TOVCHANT LA GRACE.

Par M. CLAVDE FRANCOIS,
Docteur en Theologie, Predicateur ordinaire de sa Majesté.

A PARIS,
Par PIERRE ROCOLET, Imprimeur & Libraire ordinaire du Roy & de la Ville, au Palais aux Armes de la Ville.

M. DC. L.

Avec Privilege de sa Majesté.

LE MOTIF DE CE DISCOVRS.

TOVT le monde ſçait, que les nouuelles diſputes qu'on a fait naiſtre touchant la Grace, diuiſent les eſprits, & que ſi quelques vns ne parlent de rien tant que de la charité, ils ne pratiquent rien moins, parce qu'ils haïſſent leurs freres, & les traitent comme leurs ennemis, en les décriant & en les déchirant auec outrage. Cela donna ſujet il y a quelques mois, à vn homme qui a l'eſprit de Dieu, de blaſmer des Theologiens François, qui ont quitté la doctrine qu'ils auoient appriſe dans la Faculté de

Theologie de Paris, pour embrasser celle d'vn Estranger, qui est contraire & qui les diuise. Et tout ce qu'ils peurent dire pour se defendre, c'est qu'ils auoient en fin trouué dans ses liures, la celeste doctrine de la Grace de S. Augustin, que l'Eglise auoit receuë, & qu'il falloit retenir. A quoy il repartit, ce semble, auec raison, qu'il n'y auoit point d'apparence de croire, que ce nouueau Docteur l'eut mieux entenduë luy seul, qu'vne infinité d'autres Docteurs si saincts & si celebres, qui depuis tant de siecles ont enseigné dans cette premiere Faculté du monde, & qui passent aussi par tout pour les lumieres de l'Eglise. Il adiousta aussi que ces opinions nouuelles ne sembloient point s'accorder auec les maximes de ce sainct Docteur de la Grace, dont l'Eglise a fait ses canons

Iansen.

dans le Concile de Trente pour ſeruir de regle à noſtre creance ; & meſme qu'au iugement du ſainct Siege, elles en eſtoient tres-differentes, veu que cét Oracle de l'Egliſe qui a approuué les vnes, a condamné les autres. Il leur fit encore quelque reproche de ce qu'ils n'auoiét point voulu ſouffrir qu'on vint à l'examen de quelques vnes de ces propoſitiós qui troublent la paix en nos iours, & leur dit, qu'ils auoient ainſi témoïgné ſe défier de pouuoir monſtrer qu'elles fuſſent conformes à la regle de la foy. Qu'autrefois quelques Theologiens, du temps de François premier, s'eſtoient deſia ſeruy de ſemblables artifices & violences, pour empeſcher que l on n'examinaſt leur doctrine particuliere, qui fauoriſoit l'hereſie de Luther ; mais

Le ſieur Berquin & Maiſtre Iacques Faber.

Cela ſe void dans le Liure des Cenſures, qui commence en l'ā 1384 au feuil. 218.

qu'ils en auoient aussi esté blâmez, & que la Faculté en auoit fait ses plaintes & ses remonstrances.

Et c'est ce qui a obligé l'Autheur de ce Discours, d'écrire à cét hóme qui a l'esprit de paix, pour l'asseurer qu'on impose faussement les opinions nouuelles à vn S. Docteur de l'Eglise, si illustre entre lès autres, Et pour faire voir quand & quand à tout le monde, qu'en les voulant defendre, on ne viole pas seulement la paix, mais qu'aussi on nous veut rauir les veritez de la Grace. Celuy qui n'est pas moins bon François que vray Catholique, croit aussi que les liures qui ont semé ces diuisions, ne doiuent pas estre mieux receus en France qu'à Rome où ils sont defendus, veu que l'Autheur qui a soustenu des opinions condamnées par les

Mars Gallicus.

Papes, a encore fait & publié vne inuectiue sanglante contre l'honneur de nos Rois & la Iustice de leurs armes.

Si on propose simplement les veritables sentimens de sainct Augustin, sans se seruir de belles paroles & de l'artifice de l'eloquence, c'est qu'il n'est pas question de plaire, ou d'éblouïr, mais seulement d'instruire, ou de détromper quelques-vns qu'on a voulu seduire. On ne combat point pour la gloire, mais pour la verité, qui est toujours plus visible quand elle est depourueuë d'ornements, & qu'elle n'est point déguisée par les couleurs & les apparences de l'art. C'est à Dieu qui est le pere des lumieres, d'où descendent sur nous toutes les clartez que nous auons, de benir ce dessein pour la defense de sa Grace, & d'éclairer les esprits pour discerner ses veritez. Car on ne peut voir sa lumiere que par sa lumiere, ny estre touché de son amour, que par l'amour qu'il luy plaist d'inspirer.

FAVTES PLVS IMPORTANTES suruenuës en l'impression qu'il faut corriger auant que de lire le liure.

PAG. 9. lig. 13, prouient, lisez preuient.
p. 44. l. 16. eleuë, lis. eleuée.
p. 77. l. 3. desiré, lis. desire.
p. 85. à la fin de la marge il faut vn poinct deuant le mot de *supra*, qui deuoit estre en lettres italiques.
p. 99. l. 7. Parlemeni, lis. Parlement.
p. 129. l. 21. perseuerunce, lis. perseuerance.
p. 142. à la marge sect. lis. sess.
p. 145. l. 8. sens, lis. secret.
p. 157. à la marge *vmbra rigida seueritatis ostendunt*, lis. *vmbram rigida seueritatis obtendunt*,

TABLE

TABLE DES CHAPITRES.

Fin de la Table.

Extraict du Priuilege du Roy.

PAR grace & Priuilege du Roy, donné à Paris le 30 Octobre 1649. Signé, Par le Roy en son Conseil, COVPEAV, Il est permis à Pierre Rocolet, Imprimeur & Libraire ordinaire de sa Majesté, d'imprimer & faire imprimer, vendre & distribuer, vn Liure intitulé, *Les veritables Sentimens de S. Augustin & de l'Eglise, touchant la Grace*, composé par M. CLAVDE FRANÇOIS, Docteur en Theologie, & ce durant le temps & espace de cinq ans, à compter du iour que ledit Liure sera acheué d'imprimer : Et defenses sont faites à tous Imprimeurs, Libraires & autres personnes de quelque qualité & condition qu'elles soient, de l'imprimer, vendre ny distribuer sans le cõsentement dudit Exposant, sur les peines contenuës audit Priuilege.

Acheué d'imprimer le 29. Neuombre 1649.

LES VERITABLES SENTIMENS DE S. AVGVSTIN ET DE L'EGLISE TOVCHANT LA GRACE.

Par CLAVDE FRANÇOIS, *Docteur en Theologie.*

CHAPITRE PREMIER.

Qui sont ceux qui font la diuision dans l'Eglise. Comparaison & accord de la doctrine de sainct Augustin auec celle des autres SS. Peres au poinct de la Grace.

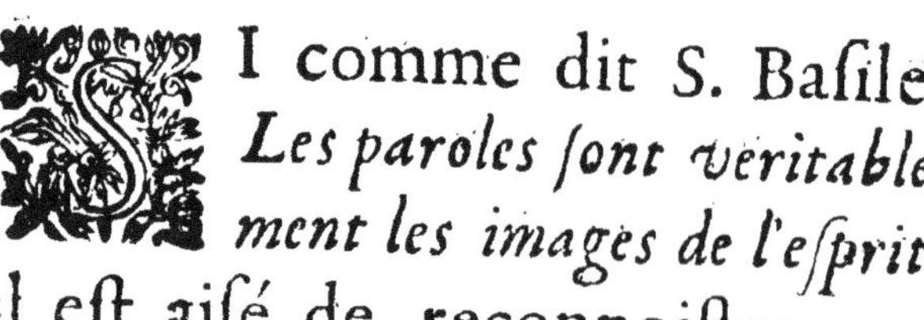

SI comme dit S. Basile, *Les paroles sont veritablement les images de l'esprit*, il est aisé de reconnoistre aux

Εἰκόνες ὄντως, τῶν ψυχῶν εἰσιν οἱ λόγοι. Ep. [illegible]

voſtres, que vous auez l'eſprit de Dieu. Vous ne blaſmez rien tant que les diuiſions, & n'exhortez à rien plus qu'à la paix dans l'Egliſe; & on ſçait ſelon ſainct Paul, que *Dieu n'eſt point vn Dieu de diſcorde, mais vn Dieu de paix.* Vous auez raiſon de dire apres ſainct Auguſtin, que ceux-la ne portent point l'image de Dieu, qui font la diuiſion, parce que Dieu eſt vn, & que *rien ne reſpond à l'vn, ſinon l'vnité.* Mais il faut auſſi auoüer, que ceux-la font la diuiſion, qui faiſans naiſtre en nos iours de nouuelles diſputes cõtre la creance de l'Egliſe touchant la Grace, rompent cette parfaite intelligence, qui faiſoit dire, qu'ils ne faiſoient qu'vn meſme corps animé d'vn meſme eſprit. En cela certes plus mal-heureux,

Non enim diſſenſionis eſt Deus, ſed pacis. 1. *Cor.* 14.

Non reſpõdet vni niſi vnitas. *D. Aug. in Pſal.* 101.

que de la Grace qui eſt le prix du Sang de IESVS-CHRIST, qui doit faire l'vnion de nos eſprits & le lien de noſtre paix, ils en font le ſujet de nos diſcordes & de nos diuiſions. En ce poinct meſme, qui a vny les Saincts Peres de l'Egliſe naiſſante en vn meſme eſprit & en vne meſme creance, ils les veulent diuiſer. Et où ils ſe diſent les diſciples de ſainct Auguſtin, qui a ſouſtenu auec plus de gloire les veritez de la Grace, ils ne produiſent que leurs opinions particulieres; & feignans de ſuiure vn ſi grand Maiſtre, ils s'efforcent de gaigner creance dans les eſprits, pour alterer plus aiſément la pureté de ſes maximes, & renuerſer tout enſemble celles de l'Egliſe, qui n'en ſont point differentes.

Ierſen l. parall. not. 76.

C'eſt choſe eſtrange, qu'ils traittét d'ingrats & d'ennemis de la Grace, les anciens Peres Grecs que l'Egliſe honore comme des Saincts, qui ont receu les premiers l'impreſſion de ſon eſprit, & qui ne luy ont point manqué de correſpondance. Ils oſent meſme dire, *qu'vn ſeul S. Auguſtin a ſçeu le premier de tous, deſcouurir les fondemens de la Grace, ſans qu'on en puiſſe voir pas vn veſtige dans les écrits de tous ceux qui l'ont deuancé. Qu'auſſi tous les autres tiennent veritablement de luy ſeul tout ce qu'ils tiennent de bon en cette matiere ; & que ſi l'on en retranchoit tout ce qu'ils ont pris d'ailleurs, la Theologie en ſeroit peut-eſtre plus heureuſe & moins embroüillée.*

Gratiæ fundamenta primus inter omnes Patres (in quorũ ſcriptis nec veſtigium eorum videre licet) eruit. *Idẽ l. proœm. c 17.* à quo profectò ſolo in hoc argumento ipſi habent quidquid boni habent : & quidquid ibi ab ipſo non habent, defæcatior eſſet fortè, & felicior Theologia ſi careret. *Ibid. c. vltimo.*

Ainſi à leur aduis, tant de grádes lumieres qui ont éclairé l'Eglise, en sa naissance & en sa fleur, l'ont delaissée dans les tenebres de l'ignorance, en vn poinct si important au salut, comme est la Grace, source de toute sa iustice & de toute sa gloire. Ainsi encore, s'il les faut croire, pas vn des autres Docteurs n'a rien appris de bon touchant la Grace, ny des sainctes Escritures, ny des definitions des Conciles, ny de la tradition des autres Peres ; & tous les rayons de lumiere, qu'en a l'Eglise, ne viennent que d'vn seul sainct Augustin, comme de son Soleil. Ie ne sçay si ces paroles offensent moins la Prouidēce de IESVS-CHRIST, que la religiō & la pieté de tous les autres Docteurs, qu'il a donnez à

Ibid. c. vlt.

ſon Egliſe. Car c'eſt dire en effet, non ſeulement que *ces Chefs de la Foy & ces Lumieres du monde*, comme les appelle Theodoret, qui ſont loüez par toute l'Egliſe, pour auoir annoncé l'Euangile auec zele & ſuffiſance dans les premiers ſiecles; n'ont pas eu vn bon ſentiment de la Grace de Dieu, mais auſſi que ſon Sainct Eſprit a manqué à leur départir le don de ſcience, pour inſtruire en la connoiſſance de ſes veritez neceſſaires à ſalut, ceux qu'il a les premiers choiſis pour ſes enfans, comme les aiſnez de ſa ſaincte Famille.

Τῆς πίστεως ἀριστέων. Dial. 2. Τῆς οἰκουμένης οἱ φωστῆρες. Dial. 3.

S'il eſt vray ce qu'a dit ſainct Auguſtin apres ſainct Hieroſme, *qu'il eſt dangereux de iuger des opinions des Maiſtres des Egliſes, & d'en preferer l'vn à l'autre*, Quel-

Ait periculoſum eſſe de Magiſtrorum Eccleſiarũ iudicare ſenten-

le apparence ie vous prie, d'en vouloir éleuer vn au meſpris de tous les autres enſemble, en ſouſtenant que luy ſeul a eu les vrais ſentimens qu'il faut ſuiure? Veritablement ie ne vois pas auec quelle lumiere, ou auec quelle circonſpection, ceux qui ſe vantent d'auoir leu tant de fois les Liures de ſainct Auguſtin, & de ne ſuiure que ſon eſprit & ſon langage, peuuent dire qu'il ne ſe trouue pas vn ſeul veſtige des fondemens de la Grace dans les écrits de tous les autres Peres. Car ce grand Eſprit auſſi humble de cœur qu'éminent en ſes graces, en produit pluſieurs paſſages en diuers lieux, pour eſtablir la celeſte doctrine de la Grace, contre les Pelagiens ſes ennemis. Il ne faut que voir les Li-

tiis, & alterum præferre alteri. *Epiſt.* 79.

ures qu'il a composez contre Iulien. Là, il luy oppose d'abord vne chaisne des passages des Peres Grecs & Latins des siecles precedens, qui ont soustenu la mesme chose ; & vn Concile, où quatorze Euesques de l'Orient ont tous ensemble obligé Pelagius à condamner ses propres maximes. Et on void plus clair que le iour dans ses propres paroles, que *plusieurs Euesques auant luy, ont defendu auec courage la Foy Catholique qu'il defend, soit de viue voix, soit par écrit qu'ils ont laissé à la posterité.* De là il obiecte aussi à cét Heretique, qu'il ne pouuoit pas le deschirer comme il faisoit auec outrage, sans voir que tant de grãds Docteurs de l'Eglise *estoient déchirez sous son nom*, veu que leurs sen-

L. 1. contra Iul. c. 3. 4. & 5.

Proposuimus hic authoritatis molem Sãctorum, qui Episcopi ante nos, non solum sermone cum hic viuerent, verum etiam scriptis quæ posteritati relinquerẽt, fidem Catholicã strenuè defenderunt. *L. 2. contra Iul. c. 9. l. 6. c. 4.*

Velut nesciẽs quod illi

ſentimens eſtoient tous pareils. On ſçait encore, qu'ailleurs il en repreſente des témoignages illuſtres comme ils ont pareillement enſeigné que nous ne pouuons pas de nous meſmes nous porter au vray bien, & paruenir au ſalut, ſans le ſecours de de la grace de Dieu, & que nous n'auons pas ſeulement vne bonne penſée, ny le moindre deſſein d'vne action ſaincte, s'il ne nous preuient de ſes miſericordes.

ſub meo nomine lacerentur. *L.1.contra Iul.c.4.*

L. 1. de gratia Christi c.44. & 45.

L. 4. ad Bonifac. c. 8. & 9.

L. de prædest. Sanct. c. 14.

L. 2. de bono perseuer. c. 8. & 19.

Mais il y a encore ſujet de trouuer vn peu eſtrange, qu'ils oſent dire, que les anciens Peres Grecs ont apres Origene fauoriſé l'Hereſie Pelagiene. Car le meſme defenſeur de la grace, témoigne en ſon premier Liure contre Iulien, qu'il ne ſçait pas auec quelle foy ou auec quel

Ianſen. l. parall. not. 76.

front il auoit pû écrire, que sainct Iean Chrysostome auoit publié l'vne de ses maximes. C'est ce qui fait que ie ne puis comprendre comment il est possible que ces Messieurs s'oublient tant, que de les noter d'erreur ou d'ignorance au poinct de la Grace, apres que ce grand Sainct qui a combattu si glorieusement pour sa defense, les a tous reconnus *pour les docteurs & defenseurs de la foy catholique*, & qu'il a fait gloire de ne marcher que sur leurs pas, & de ne suiure en tout que leurs sentimens.

Catholicæ fidei Doctores & Defensores. *L. 1. contra Iul. c. 5.*

Ie me souuiens qu'ils ont écrit, *qu'il suffit pour donner du respect à tous les Catholiques pour les écrits de sainct Prosper, de sçauoir que le Pape Gelase dans vn Concile de plus de* [s]*ixante Euesques, ayant fait vn*

En l'auant-propos du Poëme de sainct Prosper.

examen des autheurs ecclesiastiques, & separé ceux dont l'Eglise approuuoit la doctrine comme pure & orthodoxe, d'auec les apocryphes, & ceux qui se trouuoient meslez d'erreurs, il auoit mis au rang des premiers les ouurages de ce Sainct. Ie les supplie donc de vouloir vn peu considerer, que le mesme Pape dans le mesme Concile, a mis au mesme rang, & tout au commencement, les œuures des Peres Grecs, de sainct Cyrille, de sainct Athanase, de sainct Gregoire de Nazianze, de sainct Basile, de sainct Iean Chrysostome, & de sainct Theophile, & qu'il n'en a reietté que quelques Liures d'Origene. Cela pourra suffire selon eux, pour leur donner du respect pour les Liures de ces bien-heureux Saincts que Dieu a faits comme de grandes lumieres en l'Orient, qui éclairent tout le monde des rayons de leur doctrine. Mais ce qui est le plus considerable, c'est que le cinquiesme Concile general les a en tout approuuez. *Nous suiuons*, dit-il, *en toutes choses*, *outre les quatre saincts Conciles, les Saincts Peres & Docteurs de l'Eglise, Athanase, Hilaire, Basile, Gregoire le Theologien, & Gregoire de Nysse, Ambroise, Augustin, Theophile, Jean de Constantinople, Cyrille, Leon, Proclus.* Qui seroit donc le fidelle qui oseroit dire, que quelques-vns de ces anciens Peres ont erré en vn poinct qui regarde la foy, apres qu'vn Concile œcumenique a declaré, qu'il les suit en toutes choses? Il faut en effet le con-

Super hæc sequimur per omnia, & sanctos Patres & Doctores Ecclesiæ, Athanasium, Hilariũ, Basilium, Gregorium Theologum, & Gregorium Nyssenum, Ambrosium, Augustinum, Theophilum, Ioannem Constantinopolitanum, Cyrillum, Leonem, Proclum. *Synod. 5. Constantin. 2. collat. 3.*

damner d'erreur, ou dire qu'ils ont tous marché ſelon les veritez de l'Euangile.

Ie veux que ſainct Auguſtin ſoit appellé le Docteur de la grace par excellence, comme celuy qui a ſouſtenu ſa cauſe auec plus d'éclat contre ſes ennemis, & que meſme les autres ne luy ſoient point pareils en ſcience pour expliquer ce myſtere; Il faut auſſi demeurer d'accord, comme ils ſont d'accord enſemble en tous les poincts de la doctrine Catholique de la grace, & que pas vn d'eux n'a rien écrit de contraire à ſes veritez ſainctes. On peut dire, qu'ils ſont dans l'Egliſe ce que ſont les eſtoilles dans le ciel, où quelques vnes ſont moins brillãtes que les autres; mais où toutes auec leurs differentes clartez, publient la gloire d'vn mesme Dieu, en suiuant le mesme ordre qui leur est prescrit pour le bien & la conseruation de l'Vniuers. Theodoret dit aussi, que *ny la difference des temps, ny la diuersité des langues, n'a point rompu l'harmonie de leurs voix, mais qu'ils ressemblent à vne harpe, qui à la verité est composée de plusieurs & differentes cordes, mais qui ne font qu'vne mesme harmonie.*

Οὔτε τὸ διάφορον τῶν καιρῶν, οὔτε τὸ ἑτερόγλωττον τῶν φωνῶν τὴν συμφωνίαν ἐπήμανεν, ἀλλ' ἐοίκασι λύρᾳ πολλὰς μὲν ἐχούσῃ, καὶ διαφόρους χορδὰς, μίαν δὲ ἠχὴν παναρμόνιον ἀφιείσῃ. Dialog. 3.

Que si les sentimens de sainct Augustin ne s'accordoient point auec ceux de tous les anciens Peres de l'Eglise, il semble que ce seroit contre toute apparence de raison, de le vouloir suiure. Car où nous voyons qu'ils conuiennent dans vne mesme créance, c'est vne marque asseurée, comme le reconnoit l'Orthodoxe dans le mesme Theodoret, *qu'ils sont tous inspirez de la Grace d'vn mesme esprit* : par consequent que l'on ne peut pas errer en les suiuant, & qu'il ne faut donc pas les laisser pour suiure vn sentiment contraire. Ie pense que ces Messieurs en demeureront maintenant d'accord, comme d'vne verité qui ne peut plus estre contredite, apres qu'eux mesmes ont reconnu, *qu'il faut suiure dans le iugement de la verité d'vne doctrine, l'vniuersalité, l'antiquité, & le consentement des Peres*, & que *les vrais Catholiques sçauent que la voix de la tradition & du consentement des Peres est celle de Dieu mesme*. Ils ne peuuent aussi nier, que la tradition ne soit plus asseurée, quand elle est plus vniuerselle, parce qu'elle est authorisée par le con-

Ὑπὸ μιᾶς γὰρ ἅπαντες πνευματικῆς ἐνηχήθησαν χάριτος. Dial. 3.

En la Preface du Liure de la grãdeur de l'Eglise Romaine.

Au Liure 4. de la grãdeur de l'Eglise Romaine. Ch. 4.

ſentement d'vn plus grand nombre de Peres. C'eſt ce qui a fait dire à cét illuſtre Docteur de la grace, que ſi ſainct Iean Chryſoſtome auoit tenu, comme Iulien luy attribuoit fauſſement, que les enfans naiſſoient ſans aucune tache de peché, il ne ſuiuroit pas ſon opinion particuliere contre la creance commune des autres Peres. *Que ſi*, dit-il, addreſſant ſa parole à ce bien-heureux Sainct, *il auoit veritablement trouué quelque choſe de ſemblable, & s'il auoit fait voir clairement que vous tenez ce qu'il tient, ie le diray ſans vous offenſer, nous ne pourrions iamais en cette cauſe vous preferer vous ſeul à tant de grands Perſonnages.* Où ſeroit auſſi le iugement de celuy qui voudroit pluſtoſt embraſſer vne doctrine nouuelle qui ſeroit

Quod ſi verè tale aliquid inueniſſet, & quod ipſe ſentit te ſentire claruiſſet, nunquam te vnum, pace tuâ dixerim, tot & talibus in ea cauſa præferre poſſemus. *L. 1. contra Iul. c. 6.*

roit née dans l'eſprit d'vn particulier, que celle qui a touſiours eſté enſeignée dans l'Egliſe par la voix commune de tous les plus anciens Peres, particulierement où il s'agit des maximes de la foy, & des veritez Euangeliques?

Certes tout fidelle croit que *l'Egliſe, colomne & firmament de la verité*, en a touſiours retenu ſans varier tant ſoit peu la pure doctrine; & que les Apoſtres l'ayát donnée à leurs diſciples, comme vn ſacré dépoſt, pour en faire part à d'autres, ſelon que le preſcrit ſainct Paul à Timothée, les premiers, qui ont veſcu prés de leur temps, l'ont auſſi laiſſée fidellement à ceux qui les ont ſuiuis, comme ils l'auoient receuë de ceux-la qui les auoient precedez. *Ces anciens Peres*, dit le

Columna & firmamentum veritatis. 1. *Timoth.* 3.

2. *Timot.* 2

mesme defenseur de la Grace contre Iulien, *ont tenu ce qu'ils ont trouué dans l'Eglise, ils ont enseigné ce qu'ils ont appris, ils ont donné à leurs enfans ce qu'ils ont receu de leurs peres.* Iugez de là s'il y a apparence qu'il aye luy seul le premier publié vne nouuelle doctrine de la Grace differente de celle des anciens Peres, & iusques là inouye; où il dit, qu'il ne pourroit s'vnir à sainct Iean Chrysostome, s'il estoit d'vne opinion contraire *à tant & de si grands Personnages*, & où il monstre tout ensemble, qu'il ne soustient que ce qu'il a appris d'eux pour la defense de la Grace contre les Pelagiens, & que *deuant qu'il fust né au monde, & regeneré en Dieu, plusieurs lumieres Catholiques l'auoient preuenu en dissipant par auance les tenebres de leurs erreurs.*

Quod inuenerunt in Ecclesia tenuerunt, quod didicerunt, docuerũt, quod à patribus acceperũt, hoc filiis tradiderunt. *Lib. 2. contra Iulian. c. 10.*

Tot & talibus.

Antequam essem natus huic mundo, & antequam essem renatus Deo, multa Catholica lumina vestras futuras tenebras redarguendo præuenerunt. *L. 6. contra Iul. c. 4.*

CHAP. II.

Que selon S. Augustin Jesus-Christ est mort generalement pour tous les hommes, sans exception de pas vn seul.

Ais vous me dites que ces Messieurs qui ont tant leu S. Augustin, vous veulent faire voir qu'il a enseigné en diuers lieux contre les opinions communément receuës, que IESVS-CHRIST n'est point mort pour tous les hommes, & qu'il n'y a plus maintenant de grace qui soit vraymẽt suffisante, que celle qui est efficace, & qui produit toujours necessairement son effet, sans que iamais on y resiste; qu'aussi les Iustes, qui violẽt vn commandemét de Dieu, n'en ont point, pour le pouuoir accomplir, ny pour implorer son assistance; & qu'ainsi Dieu leur commande des choses impossibles autant de fois qu'ils tombent dans le peché, & qu'ils manquent de luy obeïr.

A cela ie vous respond, qu'il est vray qu'ils imposent cette doctrine à ce sainct Docteur; mais sans mentir auec aussi peu de verité que Iulien imposoit son erreur à sainct Iean Chrysostome. Il n'est pas besoin d'vne longue discussion pour découurir ce qui en est. Il ne faut que suiure son esprit contre ce Pelagien, pour la defense de ce Sainct. Comme il abusoit d'vn passage où il s'estoit moins expliqué, pour luy faire dire qu'il n'y auoit point de pe-

Lib. 1. contra Iul. c. 6.

ché originel, il ne fiſt que luy en oppoſer d'autres plus clairs, où il dit en mots exprés, tout le contraire pour le confondre. De meſme il ſuffit de produire quelques paſſages clairs de ſes écrits, pour voir qu'en verité il dit & tient tout le contraire de ce qu'ils luy veulent faire dire, abuſans de l'obſcurité de quelques lieux.

Premierement où il a combattu les Pelagiens qui ſouſtenoient que le peché d'Adam n'auoit point fait mourir tous ſes deſcendans, il leur a oppoſé comme vne verité eſtablie par S. Paul, que IESVS-CHRIST eſt mort pour l'amour de tous les hommes. C'eſt de là que ſuppoſant auec le meſme Apoſtre, qu'il n'eſt mort que pour nous retirer de la mort du peché, il a tiré *Hebr. 2.*

contre eux apres luy cette conſequence, que donc tous les hommes ſont morts par le peché. Voicy ſon raiſonnement, ou pluſtoſt celuy de l'Apoſtre aux Corinthiens. *Vn ſeul Jeſus-Chriſt*, dit il, *eſt mort pour tous les hommes, donc tous les hommes ſont morts, faiſant voir qu'il n'a pû mourir que pour ceux qui ſont morts, car il a prouué que tous ſont morts, parce qu'vn ſeul eſt mort pour tous.* Le meſme defenſeur de la foy contre Iulien, bat & rebat cét argument pris de ſainct Paul, comme le plus preſſant de tous, pour conuaincre que tous les enfans d'Adam ſont morts par ſa faute. C'eſt le traict le plus perçant dont il s'eſt auſſi touſiours ſerui, pour terraſſer tous les autres Pelagiens. *Ce ſont*, dit-il, *les paroles de l'Apoſtre, mais*

2. Cor. 5. Vnus, inquit, pro omnibus mortuus eſt, ergo omnes mortui ſunt, oſtendens fieri non potuiſſe vt moreretur niſi pro mortuis, ex hoc enim probauit omnes mortuos eſſe quia pro omnibus mortuus eſt vnus.

L. 6. contra Iul. c. 1. 2. 5. & 6. *Li. 1. de peccat. merit. & remiſſ. c. 27.* *20. de Ciuit. c 6.* *Lib. 2. contra Iulian. operis imperfecti.*

Verba ſunt Apoſtolica ſed arma ſunt noſtra. *l. 6. contra Iul. c. 2.*

ce sont nos armes. Il est donc tout clair qu'il a tenu apres luy pour vne maxime receuë de tous les Chrestiens, que Iesus-Christ est mort pour sauuer tous les hommes, veu qu'il en tire vn argument pour prouuer vne autre verité de foy, à sçauoir que tous les hommes estoient condamnez à la mort. Certainement s'il se fait icy comme dans tout veritable raisonnement vn progrez d'vne chose plus connuë à vne qui l'est moins, il faut que cette maxime soit mesme plus connuë dans l'Eglise, puis qu'il s'en sert pour en demonstrer vne autre; & il faudroit se fermer les yeux pour ne pas voir qu'on luy impute donc faussement, d'auoir enseigné que *le Fils, que le Pere a enuoyé au monde pour en estre le Sau-*

Pater misit filium suum saluatorem mundi. 1 Ioan. 4.

Qui est saluator omnium hominum. 1. *Tim.* 4.

ueur, & qui est dit aussi le Sauueur de tous les hõmes, n'est point mort pour le salut de tous les hommes du monde. Ces maximes sont plus contraires que l'eau & le feu, puis qu'elles sont contradictoires, l'vne disant ce que l'autre nie.

Que s'ils pretendent que quand ce S. Docteur a dit apres l'Apostre, que *Iesus-Christ est mort pour tous les hommes*, il ne faut entendre par le mot de *tous*, que la pluspart, ou vne partie seulement; ils font vne faute peu digne de ceux qui veulent estre estimez intelligents dans sa doctrine, & zelez pour sa defense. Certes on peut dire qu'ils l'abandonnent en ce point pour se ioindre à Iulien, le plus opiniastre du parti des Pelagiens; car ils

ils ſuiuent ſon propre ſens, que ce Sainct a reietté comme cótraire à celuy de l'Eſcriture ſaincte. Liſez ſon ſecond liure de ſon œuure imparfait, vous verrez que cét heretique s'eſtoit imaginé pouuoir éluder par vne ſemblable défaite, la force de cét argument, en reſpondant que Sainct Paul n'auoit voulu dire, que pluſieurs par le mot de *tous*; mais que le meſme Sainct l'a refuté au meſme lieu, monſtrant que cette explication, ou pluſtoſt reſtriction du mot de *tous*, ne peut conuenir au deſſein de cét Apoſtre: & vous direz ſans doute, que feignant de le ſuiure, ils l'ont quitté pour s'vnir en cette cauſe à ce Pelagien, qui vouloit que le mot de *tous*, ne ſignifiaſt que pluſieurs en cét endroit; mais

D. Aug. l. 2. operis imperf. n. 174.

Omnes pro multis, & omnes plurimos Apoſtolus dixit.

qu'auſſi il les a tous enſemble confondus, inſiſtant particulierement ſur ce que ſelon l'Apoſtre, qui eſt infaillible en ſes raiſonnemens auſſi-bien qu'en ſes maximes, il s'enſuit que tous les hommes ſont aſſuiettis au peché & à la mort, puis qu'vn ſeul qui n'eſt mort que pour les rachepter de cette ſeruitude, eſt mort pour tous. *Défais-toy ſi tu peux*, luy dit-il, & à tous ceux qui ſuiuent ſa gloſe, *de ce lieu où il eſt dit, qu'vn ſeul eſt mort pour tous, veu que l'Apoſtre te ſerre auſſi-toſt la gorge, & eſtouffe vne parole ſi temeraire, monſtrant & diſant qu'il s'enſuit de là que tous ſont morts.*

Hinc te exue ſi potes, quod vnus pro omnibus mortuus eſt, & aude dicere, non omnes eſſe mortuos pro quibus mortuus eſt Chriſtus, cum ſtatim tibi Apoſtolus fauces premat, & opprimat audaciſſimam vocẽ, quid ſequeretur oſtendens & dicens, ergo omnes mortui ſunt, *ſupra Ianſen. l. 3. de grat. Chriſti c. 2ii.*

En effet cela refute aſſez tous ceux qui ne veulent pas qu'il parle en ce lieu, generalement de tous les hommes, & qui l'interpretent ſeulement des predeſtinez, ou au plus des ſanctifiez par la grace pour vn temps. Car s'il n'entẽdoit pas dire que Ieſus-Chriſt eſt mort generalement pour tous les hommes que le peché auoit fait mourir, il ne s'enſuiuroit pas de là, comme il le dit & comme il eſt vray generalement, que tous les hommes ſont ainſi morts. D'ailleurs il n'y a point d'apparence, de vouloir reduire la ſignification de ce mot de *tous*, qui eſt generale & qui embraſſe tous les hommes ſans aucune exception, aux ſeuls fidelles qui ont receu le benefice de l'adoptiõ des enfans de Dieu. Ce ſeroit manifeſtement détourner ce paſſage en vn ſens auſſi contraire à l'intention de ſainct Paul qu'à ſon expreſſion, qui nous marque que l'amour de Iesus-Christ mourant s'estend sur tous les hommes ; & le rendre tout à fait inutile à l'Eglise contre les Pelagiens. car si le mesme terme, quand il dit, *qu'vn seul est mort pour tous les hommes*, ne suffit pas pour les comprendre tous en general & en particulier ; il ne suffira non-plus quand il dit en suite, que *donc tous les hommes sont morts.* Si on se défait de l'vn, on se défera aussi aisément de l'autre.

Mais quand Iulien auroit pû s'en défaire en l'expliquant ainsi à sa mode, & selon ses fausses lumieres, ces Messieurs ne pourroient pas encore dire auec quelque apparence, que sainct Augustin ne l'a pas tousiours entendu generalement de tous les hommes. Il est trop clair qu'il a ſuppoſé que Ieſus-Chriſt eſt mort generalement pour tous les hommes, ſans qu'il y en ait vn ſeul de tous ceux qui naiſſent dans le monde pour qui il ne ſoit pas mort, veu qu'il en a tiré cette conſequence, que *donc tous les hommes, ſans exception de pas vn ſeul, ſont morts dans les pechez*: Car cét argument qu'il a tenu pour inuincible, le repetant en tant de rencontres, n'auroit pas eu autrement de force. Ce Pelagien le plus ſubtil de tous, & tous ceux de ſon party, auroient pû luy repartir, que le fils de Dieu n'eſtant mort ſelon luy, que pour en faire reuiure pluſieurs, il prouuoit ſeulement, que pluſieurs & non pas que tous, eſtoient morts dans leurs pechez. Ceux qui veulent auoir quelque reſpect pour les

Omnes itaque mortui ſunt in peccatis nemine excepto. *D. Aug.* 20. *de Ciuit. c.* 6.

écrits de ce Sainct, & le tenir inuincible comme il l'est en effet en ses raisonnemens contre ces heretiques, auroient tort s'ils disoiét, qu'il ne s'est pas serui de ce terme de *tous*, en mesme sens en la premiere proposition qu'en la derniere. Les moins subtils & intelligens dans la dialectique, sçauent que ce seroit vn vice en cét enthymeme diuinement inspiré,

2. Cor. 5. *Vn seul est mort pour tous les hommes, donc tous les hommes sont morts ;* s'il estoit pris en vn autre sens, & plus estendu dans la conclusion qu'en l'antecedent, comme s'il ne signifioit que *plusieurs* dans l'vn, & *tous* dans l'autre. De sorte qu'il faut croire qu'il a entendu que S. Paul vouloit dire, qu'vn seul Iesus-Christ est mort pour le salut de tous les hommes, sans

en exclure aucun, comme il en a conclu que donc tous les hommes estoient morts par le peché, sans en excepter vn seul. autrement sans doute vn si illustre docteur, *sous la conduite duquel l'armée catholique a combattu & vaincu ces ennemis de la grace*, & qui passe aussi entre les autres pour l'intelligence de la Theologie, auroit si mal defendu contre eux la cause de l'Eglise, qu'on pourroit dire, que dans son cœur il leur auroit esté fauorable, ou bié qu'il auroit mãqué dans les principes du raisonnement. Car au lieu de prouuer ce qu'elle croit, que tous les hommes generalement sont morts par le peché, qui estoit le poinct de leur contestation, il auroit seulement voulu prouuer ce qu'ils accor-

Contra inimicos gratiæ Dei, Catholica acies huius viri ductu pugnat & vincit.

D. Prosper l. contra Collatorem c. 1.

doient, que plusieurs estoiēt ainsi morts; Ou bien, ce qui seroit vn defaut de iugement, il auroit creu, que quand selon S. Paul, Iesus-Christ ne seroit mort que pour en sauuer plusieurs que le peché auroit rendu sujets à la mort; ce seroit vn moyen de prouuer, que donc le peché les auoit rendus tous vniuersellement sujets à la mort. Les regles de cét art qui conduit le iugement, monstre qu'on ne peut titer vne consequence vniuerselle d'vne proposition qui ne l'est pas, & qu'il faut qu'il n'y aye rien dans la conclusion, qui ne soit dans l'antecedent ou en effet ou en puissance.

Mais sans nous arrester parmy ces épines de l'eschole, c'est assez de voir ce que ce sainct Do-

ᴄteur

cteur a en fin écrit contre Iulien, pour auoüer qu'il a tenu que le Sauueur du monde est mort pour tous les hommes, comme ils estoient tous morts sans l'exception d'vn seul. Il s'est expliqué luy mesme en paroles si claires en ses derniers liures, pour replique à la seconde responſe de cét heretique, qu'il faudroit estre trop ennemy de la verité & de la lumiere, pour apres en douter. *Les petits enfans*, dit-il, *sont morts en Adam, parce que Iesus-Christ est mort pour eux, lequel est aussi mort pour tous, parce que tous sont morts.* On ne peut ce me semble, rien adjouster à la clarté de ses paroles. Il ne se contente pas de dire en termes generaux, qu'il est mort pour les petits enfans qui sont morts par

Ibi sunt & paruuli, quia pro ipsis Christus mortuus est, qui propterea pro omnibus mortuus est, quia omnes mortui sũt. *L. 2. contra Iul. operis imperf. ct. num. 174.*

la faute de leur premier pere; c'eſtoit aſſez pour les marquer tous ſans aucune reſerue. on entend bien que tous ſont compris où pas vn n'eſt excepté. mais il adiouſte auſſi-toſt pour les exprimer tous formellement, qu'il eſt mort pour tous: & dit encore, ce qui renuerſe toutes les éuaſions de ceux qui s'oppoſent à cette verité, *que pour cette raiſon il eſt mort pour tous, parce que tous ſont morts.* Apres cela, qui ne verroit qu'il a enſeigné iuſques à la fin, que ce ſecond Adam eſt mort generalement pour tous les enfans du premier? Il le dit en mots exprés & précis, qu'il *eſt mort pour tous, parce que tous ſont morts.* Ie ne ſçay ſi l'on peut s'imaginer vne expreſſion plus formelle & plus manifeſte, pour dire qu'il eſt mort pour tous ceux qui ſont morts; & ie ne vois pas qu'on puiſſe deſirer plus de lumiere, pour reconnoiſtre qu'il a creu qu'il n'y en a pas vn qui naiſſe au mõde pour qui il ne ſoit mort, ſi des meſmes termes ſans autre lumiere, on recõnoiſt trop, qu'il a creu qu'il n'y en a point qui ne ſoient morts auãt que de naiſtre.

CHAP. III.

Eſclairciſſement de quelques paſſages de ſainct Auguſtin, dont abuſent ceux qui veulent luy faire dire contre ſa penſée, que Jeſus-Chriſt n'eſt pas mort pour tous les hommes.

IL n'eſt pas beſoin de vouloir éclaircir dauantage ce qui eſt trop clair, par les ſeules paroles de ce Sainct qui a éclairé tout le monde par sa doctrine. Ces Messieurs qui se portent parties contre cette verité, n'en pouuans supporter les clartez, ont recours à quelques lieux obscurs qui semblent fauoriser leurs contentions. Ils opposent qu'il a dit, que *pas vn ne perit de ceux-la pour qui Iesus-Christ est mort*, par consequent qu'il n'est mort que pour ceux qui ne perissent pas. S'il y auoit en ce lieu quelque mot qui pût obscurcir vne proposition si clairement establie, ie pourrois leur representer auec raison, ce qu'ils ont écrit d'ailleurs, *qu'il n'y a aucune verité si claire & si asseurée, qui ne rẽcontre quelque obscurité dans les écrits mesmes de ceux qui l'a soustiennent, & qui l'a publient auec plus d'éclat*; mais il n'y a rien qui les fauorise en ef-

Non perit vnus ex illis pro quibus Christus mortuus est. Epist. 102.

L. 4. de la grandeur de l'Eglise Romaine. ch. 23.

fet. Il eſt tout viſible à ceux qui le veulent voir, qu'il parle ſeulement de ceux qui ne quittent point le chemin qui meine à la vie eternelle, quand il dit, que *pas vn ne perit de ceux-la pour leſquels* IESVS-CHRIST *eſt mort:* d'où il ne s'enſuit pas qu'il ne s'y en perde point des autres pour qui il eſt mort, ou qu'il ne ſoit mort que pour ceux qui ne periſſent pas. Il ne dit rien de ſemblable, il n'eſt point contraire à luy-meſme, ny à ſainct Paul qu'il faiſoit gloire de ſuiure. Il auoit trop bien appris de *cét ardent defenſeur de la grace*, qu'vne ame pour laquelle IESVS-CHRIST eſt mort, peut perir: Et eux-meſmes, comme forcez par l'éuidence, reconnoiſſent qu'il eſt mort pour pluſieurs qui en fin periſ-

Vehemẽs defenſor gratiæ Paulus. *L. de ſpiritu & litt. c.* 11.

Noli cibo tuo illum perdere pro quo Chriſtus mortuus eſt. *Rom.* 14.

Peribit infirmus in tua

ſcientia frater propter quem Chriſtus mortuus eſt. 1. *Cor.* 8. *Ianſen ſuprà.*

ſent. Car ils croyent qu'il eſt mort pour tous ceux qui ne ſont ſanctifiez que pour vn temps par le bapteſme, & qui ne perſeuerent pas dans la iuſtice. de ſorte qu'il paroit aſſez, que ſans raiſon ils nous ont oppoſé ces paroles contre l'intention de ce ſainct Docteur, & contre leur propre creance.

Ils inſiſtent encore auec auſſi peu de raiſon, ſur ce que le meſme Sainct a dit en vn autre lieu, que *quiconque eſt homme, n'eſt pas auſſi rachepté par le ſang de* IESVS-CHRIST. Ils ſçauent que Iulien ſon aduerſaire, luy obiectant que S. Iean Chryſoſt. auoit preſché, que *nous baptiſons les petits enfans quoy qu'ils n'ayent point de pechez*, & qu'ainſi il auoit tenu, qu'il n'y auoit point en eux de peché ori-

Non tamen omnis qui homo eſt, etiam ſanguine Chriſti redemptus eſt. *L.* 1. *de adulter. coniugiis c.* 15.

ἐς τὰ παιδία βαπτίζομεν καίτοι ἁμαρτήματα οὐκ ἔχοντα.

ginel; Il luy répondit, qu'il auoit ſeulemẽt voulu dire, qu'ils n'ont point de pechez actuels ou perſonnels, & que s'il n'auoit point adiouſté ce mot, *c'eſt que diſputant dans l'Egliſe catholique, il ne penſoit pas eſtre autrement entendu.* De meſme ie leur répond, qu'il n'a voulu dire autre choſe, ſinon que tous les hommes ne ſont pas effectiuement racheptez par le ſang de IESVS-CHRIST, & que s'il ne s'eſt pas ainſi expliqué, c'eſt qu'on l'entendoit aſſez, parce qu'alors on croyoit ſans doute, ſelon la doctrine de l'Apoſtre, *qu'il s'eſt donné ſoy-meſme pour rachepter tous les hommes*, quoy que pluſieurs ſoient en effet priuez de cette grace, dautant que ſoit de bouche, ſoit par leurs actions, *ils renient*, comme

Quia diſputans in catholica Eccleſia non ſe aliter intelligi arbitrabatur. *L. 1. contra Iul. c. 6.*

Qui dedit redemptionẽ, ſemetipsũ pro omnibus. *1. Tim. 2.*

Eum qui emit eos Dominum negãt, superinducentes sibi celerẽ perditionem. 2. *Petr.* 2.

dit le premier des Apostres, *ce Seigneur qui les a racheptez, en quoy ils se procurent bien-tost leur damnation.*

Νέῳ Παύλῳ Κυρίλλῳ. *Conc. Ephes. act.* 2.

ἡ οὖν μὲν ἐπὶ τούτῳ χάρις τό-γε ἧκον εἰς τὸν τοῦ διασώζοντος σκοπὸν, ἐπὶ πᾶσαν ἂν ἴοι σάρκα, τουτέστιν ἐπὶ πάντας ἀνθρώπους, σάρκας γὰρ ἐν τούτοις τὸν ἄνθρωπον νοητέον. εἰ δὲ δὴ φαίνοιντό τινες τῆς σωτηρίας ἠμοιρηκότες, ἀψευδὴς ἂν εἴη καὶ οὕτως ὁ τοῦ θεσφάτου λόγος. ὁ γὰρ σκοπὸς τοῦ τιμήσαντος, καὶ διασῶσαι θελήσαντος, καὶ

Sainct Cyrille Patriarche d'Alexandrie, que le grand Concile d'Ephese a aussi reconnu pour *vn nouueau sainct Paul*, explique en vn mot cette verité, monstrãt comme le Prophete Esaïe a predit, que toute chair verroit son salut par la grace de IESVS-CHRIST nostre Redempteur: *Cette grace*, dit-il du Sauueur, *quant à son dessein, s'estend sur toute chair, c'est à dire, sur tous les hommes, car par la chair il faut entendre l'homme. Que s'il paroit que quelques-vns n'ont point de part à ce salut, la parole du Prophete est toutefois ainsi veritable, parce qu'il est question du dessein de celuy qui a payé*

payé le prix, & qui a voulu sauuer, & non de la negligence de ceux qui sont appellez à ce salut. Vous voyez trop, comme il dit, que le Sauueur qui a donné son sang, dont rien ne peut égaler le prix, pour nostre rançon, a eu dessein de sauuer tous les hommes, & que ceux qui perissent, sont priuez de cette grace par leur faute. Ainsi encore que de sa part tous soient suffisamment rachetez, puis qu'à ce dessein il a payé vn prix plus que suffisant, ils ne le sont pas pourtant tous efficacement, veu que plusieurs méprisent cette grace, & ne veulent point sortir de la seruitude du peché, pour iouyr de la liberté de ses enfans. Et c'est en ce sens-la seulemẽt, que sainct Augustin a dit, que tous les hommes ne sont pas rachetez.

οὐχὶ τῶν κεκλημένων τὸ ῥάθυμον ἐξετάζεται. *In Esaiam l. 3.*

Certes, ces Messieurs ont tort de vouloir soustenir, qu'il a dit en vn autre sens & absolument que IESVS-CHRIST n'a point souffert pour le rachapt de tous les hommes. Ils sçauent bien comme sainct Prosper, le plus grand disciple de ce grand Maistre, l'a expliqué tout exprés, *depeur que quelqu'vn ne receut temerairement cette impression, se figurant vn tel sens dans les écrits de ce docteur Catholique.* Ils ne peuuent non-plus ignorer, que le mesme sainct, qui auoit son esprit, comme vn autre luy mesme, a traitté de médisans & d'imposteurs, quelques-vns qui l'en auoient voulu accuser, *asseurans que ses sentimens estoient tels qu'ils sont contenus dans vn écrit diabolique*, qui cómence par cette proposition, *Que nostre Seigneur*

Iansen. l. 3. de Gratia Christi. c. vlt.

Ne ergo hanc persuasionem temere quis recipiat, & talem putet sensum scriptis Catholici inesse doctoris, *Præfat. in respons. ad capitula Gallorum.*

Obiect. capit. 9.

Asserétes talia in nostro esse sensu, qualia diabolico continentur indiculo.

Iesus-Christ n'a point souffert pour le rachapt de tous les hommes. De moy ie ne sçay pas comment ils s'oublient iusques à ce poinct, sans crainte d'estre chargés du mesme reproche qu'il a fait à ceux-la *d'auoir oublié la charité Chrestienne & fraternelle*, en luy imputant vne telle doctrine pour noircir sa reputation. C'est la premiere de seize propositions qu'il a notées & anathematisées comme *impies & profanes*, ce qui se peut voir en lisant seulement la Preface de ses responses, qu'Erasme attribué à sainct Augustin mesme, y reconnoissant son propre style, & tous les mesmes traits de son esprit. Ce Phœnix rené de ses cendres, retenant tous les mesmes sentimens, a aussi publié en diuers lieux, que *Iesus-Christ est*

Quod Dominus noster Iesus-Christus non pro omnium hominũ redemptione sit passus. *Præfat. in resp. ad capit. obiect. Vincent.*

Quidam Christianæ ac fraternæ charitatis obliti. *Ibid.*

Impiarum profanarumque opinionum.

Ad articulos sibi falsò impositos, Augustini responsio. *Tom. 7. oper. D. Aug.*

mort pour tous les hommes sans exce-ption, & qu'il est, comme dit l'Apostre, le Sauueur de tous, particulierement des fidelles. où, ce qui est sur tout remarquable, il adiouste aussi-tost auec raison, que cette maxime du mesme Apostre, *estāt considerée auec vn esprit tranquille, decide tout le different dont est question, parce qu'en disant qu'il est le Sauueur de tous les hommes, il a confirmé que la bonté de Dieu s'estend generalement sur tous les hommes, & adioustant particulierement des fidelles, il a monstré qu'il y a vne partie du genre humain, qui est éleuée auec des graces speciales par le merite de la foy diuinement inspirée au salut souuerain & eternel.*

Veritablemēt ces paroles peuuent suffire pour terminer tout ce different deuant des person-

Prorsus pro omnibus mortuus est Christus. *L.2 de vocat. Gentium c.16.*

Ipse est, vt Apostolus ait, Saluator omnium hominū maximè fidelium. *Ibid. c.31.*

Si tranquillo consideretur intuitu totam hanc de qua egimus controuersiam, dirimit, dicendo enim qui est Saluator omnium hominū confirmauit bonitatem Dei super vniuersos homines esse generalem, adiiciendo autem maximè fidelium, ostendit esse partem generis humani quæ merito fidei diuinitus inspiratæ ad summam atque æternam salutem speciali-

nes raisonnables. Et tous ceux qui ayment la verité & non la contention & la dispute demeureront d'accord, que le fils de Dieu est le Sauueur generalemēt de tous les hommes, & specialement des fidelles. Par consequent qu'il a eu la bonté de les rachepter tous suffisamment entant qu'en luy est; & sur tout & efficacement ceux-la qu'il a choisis, qui ne manquent point de correspondance à sa grace pour en estre priuez. Cette distinction se trouue en effet ainsi insinuée *dans le mesme Apostre sainct Paul, magnifique defenseur de la grace*, & dans les liures de ces celebres Docteurs qui ont apres luy si glorieusement soustenu sa cause. On sçait aussi que sainct Augustin, où il est dit dans l'Euangile que

bus beneficiis prouehatur. *Ibid.*

Apud eumdē gratiæ magnificum defensorem Apostolū Paulum. *D. August. Epist.* 105.

Vt saluetur mundus per ipsum. *Ioan.* 3. Ergo quantum in Medico est sanare venit ægrotum : ipse se interimit, qui præcepta Medici obseruare non vult. *Tract.* 12. *in Euang. Ioan.*

Dieu a enuoyé son fils, *afin que tout le monde fut par luy sauué*, a écrit, *que donc entant qu'il est au Medecin, il est venu pour guerir le malade; que celuy-la se tuë qui ne veut pas obseruer les ordonnances du Medecin.* Si bien qu'on void qu'il a voulu dire, que le fils de Dieu est prest auec ses graces, pour sauuer ceux qui perissent dans le monde, ne voulans point luy obeïr, comme vn Medecin qui presente ses remedes suffisans pour guerir vn malade qui voudroit s'en seruir, mais qui meurt par sa faute les méprisant, *parce que non seulement le Medecin, mais aussi le malade, doit se tenir prest pour faire ce qu'il conuient de sa part pour l'effet de sa guerison.*

Δεῖ δὲ οὐ μόνον ἑωυτὸν παρέχειν τὰ δέοντα ποιέοντα, ἀλλὰ καὶ τὸν νοσέοντα. *Hippocr. Aphoris.* 1.

CHAP. IV.

Autre lumiere tirée des paroles de sainct Augustin, pour voir comme Iesus-Christ est mort pour l'amour de tous les hommes du monde. Declaration de l'Eglise sur ce suiet. Poinct de l'erreur des Semipelagiens.

VE s'il se peut desirer quelque chose de plus exprez & de plus formel, pour dire que IESVS-CHRIST a voulu sauuer tous les hommes du monde, & qu'entant qu'en luy est, il les a tous suffisamment racheptez; on peut encore voir ce qu'il a écrit ailleurs contre les Donatistes, qui disoient qu'il n'auoit eu dessein que d'en rachepter vne partie. Il les traitte d'ingrats, de vouloir donner des bornes à sa grace, & de dire que son sang qui est d'vn prix infini, n'a esté donné que pour rachepter vne partie des hommes, & dit & redit, *qu'autant qu'il a donné, il l'a donné pour tout le monde.* Et comme s'il auoit preueu que quelques-vns pourroient trouuer vne subtilité pour se défaire de ce passage, en l'interpretant seulement des fidelles predestinez qui sont répandus par tout le monde, il s'explique encore luy-mesme en des paroles plus claires que le iour, qui ne souffre aucun nüage. Car il dit *qu'il doit iuger tout le monde, parce qu'il a donné le prix pour tout le monde*, & adiouste, *qu'il en mettra*

Pro toto dedit quantum dedit. *In Ps 95.*

Iansen sup.

Totum iudicare habet, quia pro toto pretium dedit. *ibid.*

tra les vns à la droitte, les autres à la gauche. Ce qui monstre qu'il parle non seulement des predestinez, mais aussi des reprouuez qui sont dans tout le monde, veu que sans contredit il doit iuger les vns qui seront à la gauche, aussi bien que les autres qui seront à la droite.

Positurus est enim alios ad dexteram, alios ad sinistram. *Ibid.*

Si donc le mesme Docteur de la Grace n'est point contraire à luy mesme, quand il dit, *que tout homme n'est point racheté par le sang de Jesus-Christ*, il ne veut pas dire qu'il y en a, pour qui il n'a point payé ce prix, mais seulement qu'il y en a, qui sont en effet priuez de cette grace, *parce que se plaisans dans leur captiuité*, comme dit sainct Prosper l'autre luy mesme, *ou ils n'ont point voulu estre rachetez, ou apres leur redemption ils sont retournez dans la mesme seruitude.* Et

Aut delectati captiuitate redimi noluerũt, aut post redẽptionem ad eãdem sunt seruitatem reuersi. *D. Prosp. resp. ad capit. Gallorum, sent.* [illegible]

il est si vray, qu'il tient au contraire, qu'il a respandu son sang pour le salut de ceux-la mesme, qu'il dit n'estre point effectiuement rachetez, qu'il enseigne, qu'il leur reprochera au iour du Iugement, que son costé *a esté par eux & pour eux ouuert, & qu'ils n'y ont point pourtant voulu entrer.* Ainsi il paroit que selon sa pure doctrine, il a racheté suffisamment tous les hommes au prix de son sang, & qu'il s'est tellement liuré à la mort pour les en deliurer tous, qu'il n'y a que ceux qui mesprisent sa grace qui perissent.

Per vos, & propter vos apertum est, nec tamen intrare voluistis. *L. 2. de symbolo ad Catechum. c 8.*

Iansen supra.

Il est aussi aisé à voir, qu'on luy veut faire dire, autant contre la verité mesme, que cõtre son propre sentiment, que Iesus-Christ n'est mort que pour ceux, qui reçoiuent effectiuement la vie par le merite de sa mort, soit pour tousiours, soit pour vn temps. Car l'Eglise, qui est *la colomne & le firmament de la verité*, soustient dans le Concile de Trente, *qu'encore qu'il soit mort pour tous les hommes, tous pourtant ne reçoiuent pas le bien-fait de sa mort*, qui est la vie, mais qu'il n'y a que ceux qui renaissent en luy par le baptesme. Où elle declare nettement non seulement que tous ceux, pour qui il est mort ne reçoiuent point l'effet de cette grace, mais encore qu'il est mort pour tous ceux qui ne le reçoiuent point. Certes s'il est vray, comme on n'en peut douter, & comme aussi le reconnoissent nos aduersaires, *que l'authorité des Peres & des Conciles soit égale dans tous les siecles, & doiue estre également venerable à tous les vrais enfans de l'Eglise*; & si mesme l'E-

Columna & firmamentum veritatis. 1. *Timoth.* 3.

Etsi ille pro omnibus mortuus est, non omnes tamen mortis eius beneficium recipiunt. *Sess.* 6. *c.* 3.

Au Liure 3. *de la grandeur de l'Eglise Romaine*. ch. 48.

glise cóme IESVS son chef croist *en âge & en sagesse*, son esprit l'éclairant de iour en iour de nouuelles lumieres. Les seules paroles de ce dernier Concile general doiuent plus que suffire pour terminer parmy nous tout ce different. Il n'y a rien d'obscur en cét oracle, tout est clair & conuainquant pour faire reconnoistre que le Sauueur est mort pour d'autres que pour ceux qui reçoiuent le bien-fait de sa mort. Par consequent qu'on ne peut soustenir sans erreur, que *son sang & sa mort seruiront necessairement à celuy pour qui il l'a répandu, & pour qui il est mort. & qu'il ne l'a point répandu, & qu'il n'est point mort pour celuy à qui ils ne seruent nullement.*

Sapientia & ætate. *Luc. 2.*

Proderit igitur illi necessariò Christi sanguis & mors pro quo sanguinem illum fuderit, & mortuus fuerit, & cui nullo modo prodest, pro illo, nec sanguinem fudit, nec mortuus fuit. *Iansen. ibid.*

Vous voyez comme l'Eglise dans cette saincte Assemblée, qui

a triomphé de toutes les erreurs de ce temps, reconnoit dans les paroles de sainct Paul qu'elle regarde, que Iesus-Christ est mort pour tous les hommes, & non seulement pour ceux, qui reçoiuent l'effet de sa mort, qui est la vie. De là iugez auec quelle foy ou auec quel front on peut encore reietter cette doctrine, *comme vne erreur esloignée de la foy Catholique*; & dire que c'est l'erreur des Semipelagiens.

2. *Cor.* 5.

Tamquã errorem à fide catholica abhorrentem. *Iansen. ibid. resp. ad excerptorem pag.* 67.

Pour moy ie veux toujours croire auec la mesme Eglise, *à laquelle particulierement le bien-heureux Apostre Paul*, comme dit S. Aug. *a dit plusieurs choses & en manieres differẽtes, de la grace de Iesus-Christ nostre Seigneur*, qu'il est mort pour tous les hommes, mais que tous pourtant n'ont pas receu l'effet de sa mort.

Cui potissimũ B. Apostolus Paulus de gratia Dei per Iesum Christum Dominum nostrum multa & multipliciter est locutus. *D. Aug. epist.* 105.

C'eſt la meſme choſe que diſent les Theologiens, qu'il eſt mort à deſſein de ſauuer tous les hommes, & qu'entant qu'en luy eſt, il les a auſſi tous ſuffiſamment rachetez au prix de ſon ſang, mais que neantmoins ils ne le ſont pas tous efficacement. Et de fait celuy qui ayme la verité, & qui a quelque reuerence pour ce Concile, doit reconnoiſtre que tous ceux pour qui il eſt mort, n'eſtans point efficacement rachetez, ils le ſont au moins ſuffiſamment, veu qu'il a donné pour tous le prix plus que ſuffiſant.

On ſçait que l'opinion des Semi-pelagiés, eſtoit que Dieu voulant generalement ſauuer tous les hommes, offroit tellement ſa grace à tous, qu'ils pouuoient ſe diſpoſer à la receuoir, & s'en rendre dignes par les ſeules forces de leur liberté naturelle, & qu'ainſi ſa grace ne faiſoit que ſuiure le mouuement de leur volonté, & ne ſe donnoit que pour ſeconder leurs bons deſirs; ou que ſi elle en preuenoit quelques vns, ce n'étoit qu'à cauſe de leur bonne diſpoſition, & qu'apres leurs merites imaginaires déja preueus. C'eſt le poinct de leur erreur qu'à noté & cõbatu le meſme S. Proſper, qui a tenu apres ſon Maiſtre, pour vne verité ſi cõſtante, que *Ieſus-Chriſt eſt mort pour tous les hommes ſans exception de pas vn ſeul.* Cela ſe voit aſſez dans ſon Epiſtre, & dans celle d'Hilaire, qui ſont deuant le liure de la predeſtination des Saincts: & ſi vous en voulez encore vn illuſtre teſmoin, Sainct Fulgence l'écrit fort clairement,

Secundum opinionem illorum nostrum est velle credere priusquam nos Dei gratia incipiat adiuuare.
L. de Incarnat. & gratia c. 18.
Conc. Arausic. Can. 4. & 6.

que *selon l'opinion de ces restes des Pelagiens, c'est à nous de vouloir croire deuant que la grace de Dieu commence à nous aider.* Mais ce qui decide apres tout ce different, c'est le Concile d'Orange, où les Euesques assemblez, pour deméler leurs tromperies, & découurir le venin de leur erreur, ne les condamnent qu'en ce qu'ils disoient que Dieu attend nos volontez, sans les preuenir de ses lumieres, & que ceux-là reçoiuent de sa main le don de salut, qui le cherchent par leurs desirs, ou qui le demandent comme ils peuuent par leurs prieres, sans l'assistance de sa grace. car il iuge ainsi qu'en cela seulement ils ont erré, & non pas en ce qu'ils ont creu, que Iesus-Christ est mort pour l'amour de tous les hommes, afin de les de les racheter tous, au moins suffisamment au prix de son sang plus que suffisant.

Chap. V.

Que c'est une verité constante dans la doctrine de sainct Augustin, qu'il y a des graces de Iesus-Christ vrayment suffisantes, qui manquent d'auoir leur effect par le seul defaut du consentement de l'homme.

Mais c'est ce que ie dois encore éclaircir dauantage, en faisant voir que selon sainct Augustin, il y a des graces de Iesus-Christ vrayment suffisantes, que plusieurs reçoiuent en vain, & sans l'effet de leur salut, pour lequel elles sont données. Il ne faut que proposer simplement ses paroles, pour faire voir qu'il est de cét aduis. Cela suffira aussi pour détromper ceux qui pourroient croire à vn Abbé, qui a osé écrire *qu'on ne voit aucun vestige de grace suffisante dans sainct Augustin.* Vous auez desia veu comme il a dit, *qu'entant qu'il est en ce Medecin, il est venu pour guerir l'homme malade.* Voyez comme il dit & redit encore à l'homme qui est dãs cét estat, *Ny ce que tu ignore contre ton gré, ny ce que tu ne te sers point de tes membres blessez, ne t'est point imputé à peché; mais bien ce que tu neglige de rechercher ce que tu ignore, & ce que tu mesprise celuy qui te veut guerir.* Il semble qu'on ne peut desirer vn passage plus clair pour reconnoistre vne grace suffisãte qui n'est point efficace pour

En la lettre d'vn Abbé à vn Abbé, sur la conformité de sainct Augustin auec le Concile de Trente, pag. 19.

Quantum in Medico est, venit sanare ægrotum. *Tract. 12. in Euang. B. Ioan.*

Non tibi deputatur ad culpam quod inuitus ignoras, sed quod negligis quærere quod ignoras, neque illud quod vulnerata membra non colligis, sed quod volentem sanare contem-

guerir l'homme apres ſa cheute. Car il n'y a point lieu de dire que Dieu le veut guerir, ſi ce n'eſt par le moyen d'vne grace ſuffiſante; & on ne peut non plus dire, que cette grace auec laquelle il eſt dit le vouloir guerir, ſoit efficace, veu que l'homme l'a mépriſe, ne voulant point s'en ſeruir, & qu'en cela il peche. Ce Sainct qui a dit ces paroles cõtre les Manichéens, les rediſant contre les Pelagiens, pour reſpondre aux vns auſſi bien qu'aux autres, que la grace de Dieu ne manque point en l'eſtat de la nature corrompuë pour ſçauoir faire le bien & fuir le mal; monſtre éuidemment, qu'il parle de ſa grace interieure, laquelle ſeule ou donne ce pouuoir, ou inſpire le deſir de le recher-cher.

nis L. 3. de liber. arb. c. 19. L. de nat. in grat. c. 67.

Voyez aussi comme il entend si generalement, que *Dieu veut que tous les hommes soient sauuez, & paruiennent à la connoissance de la verité*, qu'il dit en suite que ceux qui ne veulent point croire à l'Euangile, *se priuent eux mesmes d'vn grand & souuerain bien, & s'engagent dans des maux de peine, pour ressentir dans les supplices, la puissance de celuy dont ils ont mesprisé la misericorde dans ses dons.* Voyez comme il remarque, que dans l'Euangile *tous ceux qui ont esté appellez, n'ont pas voulu venir, & que ceux-la qui n'ont pas voulu venir, n'en doiuent pas attribuer la cause à d'autre qu'à eux-mesmes, parce qu'estans appellez, ils estoient dans leur volonté libre pour venir.* où il adiouste aussitost, que *cette vocation appartient à la misericorde.* Voyez comme il

Vult autem Deus omnes homines saluos fieri & in agnitionem veritatis venire. *L. de spiritu & litt. c. 33.*

Seipsos fraudant magno & summo bono, malisque pœnalibus implicant experturi in suppliciis potestatem eius cuius in donis misericordiam contempserũt. *Ibid.*

Nec omnes qui vocati sunt venire voluerunt. *L. 83. quæst. q. 68.*

Nec illi qui noluerunt venire debent alteri tribuere, sed tantum sibi, quoniam vt venirent vocati, erant in libera voluntate. *Ibid.*

Ad misericordiam pertinet vocatio. *Ibid.*

écrit en ſuite, que Dieu chaſtiera auec autant de rigueur que d'équité, *ceux qui par leur franc-arbitre, ont refuſé ſa miſericorde;* Vous reconnoiſtrez auec moy, que dans l'eſtat preſent de la nature corrompuë, il tient pour indubitable vne grace interieure qui ſuffit vrayment à l'homme pour ſe conuertir à Dieu, mais qui n'a point ſon effet par le ſeul défaut de ſon conſentement. Car il eſt hors d'apparence, qu'en tous ces lieux où il eſt queſtion du deſſein de Dieu de ſauuer les hommes, & du mépris que quelques-vns font de ſa miſericorde & de ſa vocation; il vueille ſeulement parler d'vne grace exterieure, comme de la Loy ou de la Predication de l'Euangile: Il ne diroit pas que Dieu les a vou-

Eis qui miſericordiam eius per liberũ arbitrium reſpuerunt. *L. 2. de actis cum Fœlice Manich. c. 8.*

lu ſauuer, & qu'ils ont mépriſé ſa miſericorde, s'il ne croyoit qu'il leur a tout enſemble, inſpiré dans le cœur des mouuemens d'amour & de charité. Il ſçauoit trop, que la parole qui touche au dehors ſans cét eſprit de grace qui touche au dedans, auroit pluſtoſt eſté pour les faire mourir que pour les faire viure, veu qu'il dit luy-meſme, *que la Loy ſans la grace eſt la lettre qui tuë:* & que *ſi cét eſprit de grace manque, la Loy n'eſt que pour faire des coulpables & donner la mort.* Il ne diroit non plus, *qu'ils ne peuuent imputer qu'à eux-meſmes ſeulement, & non point à d'autre, ce qu'ils n'ont pas voulu venir:* car ils pourroient encore s'excuſer ſur le défaut de la grace de Dieu, qui n'auroit pas touché leurs cœurs. Il

Lex autem ſine gratia littera eſt occidens. *L. de grat. & lib. arb. c. 18.*

Quæ ſi deſit adhoc, lex adeſt vt reos faciat & occidat. *L. de corrept. & grat. c. 1.*

diroit encore moins *qu'ils estoient dans leur volonté libre pour venir:* car par le consentement mesme de nos aduersaires, pas vn seul des hommes depuis Adam, n'a eu la volonté libre pour pouuoir faire vn seul pas dans la voye de Dieu, & venir à son salut sans l'ayde de sa grace, qui éclaire l'entendement, & fortifie la volonté. Il se void aussi qu'il n'entend par la misericorde de Dieu que quelques-vns reiettent, que la seule grace qui donne le pouuoir de marcher dans la voye de ses commandemens, qui n'est pas vne simple vocation externe, mais la mesme dilection que le Sainct Esprit produit dedans nos cœurs.

L. de grat. & lib. arb c. 18. l. cõtra Adimantum c. 17.

De là, à mon aduis, il est assez clair, que ce Sainct a encore reconnu apres la cheute de l'homme, vne grace interieure qui n'est point efficace, puis que plusieurs l'a reiettent au lieu d'y répondre: mais qui est pourtant suffisante, veu que Dieu qui ne veut rien en vain, les veut entāt qu'en luy est, guerir & sauuer par vn tel secours de sa misericorde, & qu'il ne tient qu'à eux de s'en seruir pour paruenir au salut eternel.

Voila sans doute sa pensée qui est toute conforme à la Sagesse de Dieu, qui se plaint par tout de plusieurs *qu'il a appellez, & qui l'ont refusé, & qui ne luy ont point répondu*, Qui dit de sa *vigne, qui est son peuple d'Israël*, que là *où il a attendu qu'elle produisit des raisins*, c'est à dire, de bonnes actions, *elle n'a produit que des épines*, c'est à dire, de mauuaises actions, Qui dit

Vocaui & renuistis, vocaui & non respondistis mihi. *Esa.* 65. *Hierem.* 7. Vinea autem domini exercituum domus Israël est. *Isaia* 5.

Expectaui & faceret vuas & fecit labruscas. *ibid.*

dit à Hierusalem, que *tant de fois il a voulu r'assembler ses enfans, de mesme qu'vne poulle r'assemble ses poussins dessous ses aisles, & qu'elle ne l'a pas voulu.* Et pourquoy aussi le premier des Martyrs leur reproche, *qu'eux & leurs peres ont tousiours resisté au Sainct Esprit,* qui fait les impressions de son amour dedans les cœurs qui en sont susceptibles. D'où il s'ensuit éuidemment, que Dieu *qui ne veut point la mort de celuy qui meurt, mais qu'il retourne & qu'il viue;* a eu dessein en les appellant, de les conuertir & de les faire viure. Par consequent qu'il leur a inspiré au dedans quelques mouuemens de son esprit viuant, sans lequel il n'auroit pas voulu qu'ils vécussent, & encore moins en attendre de bons fruicts. &

Quoties volui congregare filios tuos quemadmodum gallina congregat pullos suos sub alas, & noluisti. *Matth.* 23.

Vos semper Spiritui sancto resistitis, sicut patres vestri, ita & vos. *Act.* 7.

Nolo mortem morientis dicit Dominus Deus, reuertimini & viuite. *Ezech.* 18.

I

partant qu'ils ont resisté à des mouuemens interieurs du Sainct Esprit.

De là aussi le Concile de Sens, où furent appellez les plus celebres Docteurs de Paris, a tiré cette infaillible consequence contre Luther & ses adherans, que *donc le secours de Dieu qui nous attire, n'est point tel qu'on n'y puisse resister*; où il a adiousté, qu'en vain sainct Estienne auroit repris les Iuifs, *si les hommes estoient necessairement emportez par les inspirations diuines*. Tout cela monstre combien l'Abbé a tort, qui a écrit que dans l'estat de la nature infirme, *la grace ne peut estre sans le bon vsage de la volonté*; mais qu'elle produit toujours son effet, pour lequel elle est donnée sans que iamais on y resiste.

Nec denique [illegible] sit huius[illegible] [illegible] Dei auxiliũ, cui resisti non [illegible]sit. *Conc. Se*[illegible] *decret.* 15. *fi*[illegible]

Si diuinis inspirationibus homines incui[illegible] [illegible]er rape[illegible]ur. *ibid.*

[illegible] *la lettre* [illegible] *l'Abbé à* [illegible] *p.* 41.

[illegible] *l'escrit* [illegible], Propositiones de gratia p. 14.

CHAP. VI.

Que c'est vne maxime indubitable dans la doctrine de sainct Augustin, que la grace ne manque point aux iustes pour pouuoir obseruer les commandemens de Dieu. Autre preuue d'vne grace suffisante, qui manque d'auoir son effect.

CE que ie viens de representer, suffit ce me semble, pour faire voir que c'est vne verité constante dans la doctrine de sainct Augustin, que Dieu donne à quelques vns dans l'estat present, vne grace suffisante qui n'est point efficace. Mais ce qui doit encore conuaincre tous les esprits raisonnables, c'est que selon le mesme Sainct, tous les iuſtes ont la grace neceſſaire pour pouuoir garder les commandemens de Dieu, & ne point déchoir de leur iuſtice, & que cependant pluſieurs ne laiſſent pas de les violer, & de tomber dans le peché mortel. Car de là il eſt tout éuident, que la grace qu'ils ont n'eſt point efficace, veu qu'elle eſt ſans l'effect pour lequel elle leur eſt donnée. En ce poinct il ne faut qu'entendre parler cét Illuſtre Docteur, dont l'Egliſe a pris les paroles pour former ſes déciſions. Il ſemble qu'on ne ſçauroit deſirer rien de plus exprés & de plus formel, que ce qu'il dit au liure qu'il a intitulé *de la Nature & de la Grace contre les Pelagiens.* Car il dit que Dieu apres auoir iuſtifié vn pecheur, & l'auoir receu en ſa grace, *il ne le delaiſſe point, s'il n'en eſt deuant delaiſſé, afin qu'il viue touſiours pieuſement & iuſtement.* D'où il cóclud auſſi toſt, que *donc Dieu guerit non ſeulement pour effacer ce que nous auons peché, mais auſſi pour faire que nous ne pechions point.* Ce paſſage pourroit ſuffire pour decider tout ce different, & eſt au deſſus de toutes les ſubtilitez qu'on ſçauroit inuenter pour s'en défaire. Les plus ſubtils de ces Meſſieurs qui pretendent, que les iuſtes ſont quelquefois dans l'impuiſſance d'accomplir les commandemens, meſme *qui les obligent ſous peine de peché mortel*, diſent qu'il eſt vray que Dieu ne ſe retire point d'eux par la grace ſanctifiante, que premierement ils ne le chaſſent par le peché mortel; mais que quelquefois il les abandon-

Non deſerit niſi deſeratur, vt piè ſemper, iuſtéque viuatur. *L. de nat. & grat. c. 26.*

Sanat ergo Deus non solũ vt deleat quod peccauimus ſed vt præſtet etiã ne peccemus. *ibid.*

Ianſen. l. 3. de grat. Chriſti cap. 19.

En la ſeconde apologie pour Mõſieur Ianſ l. 3. ch. 1.

Monſieur Arnaud en la traduction du liure de S. Auguſtin, de la correction & de la grace, page 115.

ne auant qu'ils le chassent, en ne leur donnāt point la grace actuelle pour pouuoir obseruer ses commandemens, sans tomber dans le peché mortel. Mais ils ne peuuēt éluder ce passage de ce Sainct par cette défaite. Car il dit formellement, que *Dieu ne quitte point si on ne le quitte, afin qu'on viue tousiours pieusement & iustement, & qu'il guerit aussi pour faire que nous ne pechions point.* Et selon sa veritable doctrine, & leur propre reconnoissance, si iuste qu'on puisse estre, on ne peut pas viure vn iour sainctement, & ne point pecher sans cette grace actuelle. Ouy ils demeurent d'accord, que là mesme il enseigne que tout sainct que soit vn homme, il ne peut faire vn seul pas dans la voye de Dieu sans vne continuelle assiſtance de cette grace , comme l'œil le plus ſain du monde ne peut voir ſans l'aide de la lumiere. Si bien qu'il paroit trop, qu'il veut dire , que Dieu ne quitte point le premier en aucune façon, ny meſme en retirant ce ſecours neceſſaire à vne ame qu'il a guerie pour viure vne vie ſaincte, & ne point pecher.

Auſſi le Concile de Trente a pris ſes paroles en ce ſens , les employãt pour prouuer que ceux qui ſont iuſtifiez peuuent faire ſes commandemens, & s'auancer en la iuſtice auec le ſecours diuin, *car Dieu* , dit-il , *ne delaiſſe point ceux qu'il a vne fois iuſtifiez par ſa grace, s'il n'eſt premierement delaiſſé d'eux;* Où il ne prouueroit rien moins que ce qu'il veut prouuer, s'il n'entendoit dire, qu'il n'en

Deus namque ſua gratia ſemel iuſtificatos non deſerit niſi ab eis prius deſeratur. *Seſſ. 6. c.* 11.

abandóne pas vns en leur déniant ce ſecours, auant qu'ils l'abandonnent par le peché, puis qu'autrement ſans cette aſſiſtance, ils ne pourroient pas faire vn ſeul pas dans la voye de la iuſtice, eſtát certain qu'ils tombent ſi toſt qu'il ceſſe de les ayder. Ainſi S. Auguſtin s'eſt expliqué luy meſme, & toute l'Egliſe aſſemblée l'a entendu en ce ſens, que Dieu ne delaiſſe point les iuſtes en retirant d'eux cette grace actuelle deuant qu'ils le delaiſſent par le peché. & par conſequent que cette grace qui les aſſiſte pour leur donner le pouuoir de faire les commandemens, n'eſt pas touſiours efficace, veu qu'elle eſt ſans effect, & ſans fruict en quelques vns.

C'eſt la meſme doctrine de S. Paul en ſon Epiſtre aux Hebrieux où il où il ne leur recommande rien tant, que *de ſe tenir ſur leurs gardes, pour ne point manquer à la grace de Dieu. Empeſchez autant qu'il vous ſera poſſible*, comme le fait parler Monſieur l'Eueſque de Graſſe, *qu'il ne ſe rencontre parmy vous quelques vns, leſquels luy manquans de correſpondance, en ſoient en fin priuez*. Qui ne verroit qu'il ſuppoſe, & qu'on peut manquer de correſpondance à cette grace, qui nous excite & qui nous aide, & qu'on n'en eſt point priué qu'apres qu'on luy a manqué?

Contemplantes ne quis deſit gratiæ Dei. *Hebr.* 12.

En ſa paraphraſe. ibid.

CHAP. VII.

Suitte de ce mesme poinct, que selon S. Augustin, les iustes ne se trouuent iamais dans l'impuissance de garder quelque commandement de Dieu, sans en pouuoir demander la grace.

Non igitur Deus impossibilia iubet, sed iubendo admonet, & facere quod possis, & petere quod nô possis. *L. de nat. & grat. c.* 43.

Eo quippe ipso quo firmissimè creditur Deum iustû & bonum impossibilia non potuisse præcipere, hinc admonemur & in facilibus quid agamus, & in difficilibus quid petamus. *Ibid. c.* 69

MAis écoutons encore quelque chose de plus exprés & de plus clair, que S. Augustin adioûte pour confirmer & éclaircir cette verité. *Dieu donc*, dit-il, *ne commande point des choses impossibles, mais en commandant il aduertit les hommes, & de faire ce qu'ils peuuent, & de demander ce qu'ils ne peuuent.* Et derechef, *De ce que nous croyons tres-fermement, que Dieu estant bon & iuste, comme il est, n'a pû com-*

mander des choſes impoſſibles, c'eſt de là meſme que nous ſommes aduertis & de ce que nous deuons faire dans les choſes faciles, & de ce que nous deuons demander dans les difficiles. Qui pourroit reſiſter à la force & à l'éclat de ces paroles? Ceux qui ſont capables de quelque reflexion, entendent trop que ſelon la doctrine de ce Sainct, Dieu eſtant touſiours bon & iuſte, ne peut iamais commander des choſes impoſſibles aux fidelles & aux iuſtes dont il parle; & que s'ils n'ont pas encore la puiſſance de les faire, ils ont au moins la grace de l'obtenir par leurs prieres. Certes veu que dans ſa doctrine, ſa iuſtice non-plus que ſa bonté, ne peut obliger à des choſes impoſſibles ceux qu'il a receus en l'adoption de ſes enfans, il faut que cette grace ne leur manque iamais, afin qu'ils puissent par son moyen ce qu'ils ne peuuent par eux mesmes.

Ideo iubet aliqua quæ non possumus vt nouerimus quid ab illo petere debeamus. *De grat & lib. arb. c. 16.*

Il est vray comme il le dit, que *quelquefois il leur commande des choses qu'ils ne peuuent pas faire, pour leur apprendre que c'est à luy qu'ils se doiuent adresser pour auoir la puissance de les faire*, & pour les obliger ainsi d'auoir recours à la priere. Mais il suppose par tout, que la grace pour le sçauoir prier leur est toujours presente, & qu'il leur en inspire le desir pour leur en donner l'effect. Autrement aussi en vain il les aduertiroit de le prier, & les obligeroit à l'impossible, car si son esprit n'assiste nostre foiblesse, nous ne sçauons pas comment il le faut prier pour trouuer sa grace. On ne peut venir à la lumiere de ce Soleil que par sa lumiere,

Lors qu'on l'a desire,
C'est par le sainct desir que son feu nous inspire,
Il faut pour la chercher, qu'elle guide nos pas,
Si l'on ne va par elle, on ne l'a trouue pas,

Hæc vt cuiusquã studio, affectuque petatur, ipsa agit, & cunctis, dux est venientibus ad se, perque ipsam nisi curratur non itur ad ipsam. *D. Prosper de ingratis.*

dit le plus Illustre disciple de ce grand Maistre. Mais luy mesme l'a dit expressément que Dieu *par sa prouidence enseigne à prier* ceux qu'il a sanctifiez, & que *quand ils le prient il les exauce par sa clemence.* On sçait aussi sa promesse dans l'Euangile en ces mots, *Demandez & il vous sera donné, cherchez & vous trouuerez.*

Vt petãt prouidenter instruit, & petentes clementer exaudit. *L. 4. contra duas epist. Pelag. ad Bonifac. c. vlt.*

Petite & accipietis, quærite & inuenietis. *Matt.7.*

Que s'ils disent que Dieu ne donne point cette grace, à tous ceux qu'il a choisis pour ses enfans, parce qu'il ne leur doit point, & qu'il ne l'a donne que par sa pure misericorde, ils pourroient dire pareillement, que ne l'a deuant non-plus à pas vns, il ne l'a donneroit à pas vns. C'est assez de croire, qu'il est tousiours bon & iuste, pour conclure qu'il ne leur commande iamais de choses au dessus de leurs forces, qu'il ne leur donne au moins l'esprit de prieres, pour implorer son secours qu'il est prest de leur donner. Le mesme Sainct le confirme en vn autre lieu, où il dit, que *Dieu ne nous commanderoit pas de faire vne chose s'il l'a iugeoit impossible à l'homme*, adioustant aussi tost, que *Dieu mesme qui nous a donné l'exemple*, apres s'estre fait homme pour obeïr, *est aussi prest pour nous dôner secours*. Mais luy mesme

Neque imperaret hoc Deus, vt faceremus, si impossibile esse iudicaret, vt hoc ab homine fieret. *in Ps.* 56.

Adest ille qui præbuit exemplum, vt præbeat auxilium. *Ibid.*

l'a dit parlant au iuste, *ie ne te delaisseray point, & ne t'abandonneray point*. Et l'Escriture nous l'appréd en termes si exprés, qu'il est *le protecteur de tous*. C'est ce qui a fait dire hautement à sainct Paul, que *Dieu qui est fidelle ne souffrira point qu'ils soient tentez au dessus de ce qu'ils peuuent*. Ce qu'il feroit sans doute, s'il les abandonnoit auant qu'ils l'abandonnassent par le peché.

Ipse enim dixit, non te deseram, neque derelinquam. *Hebr.* 13.

Protector omnium. *Ps.* 17. 36. 113.

Fidelis autem Deus est, qui non patietur vos tentari supra id quod potestis. 1. *Corint.* 10.

Il est donc visible que dans le sentiment de S. Augustin toutes les fois qu'vn commãdement de Dieu oblige vn iuste, sa grace l'assiste au moins pour demander son secours s'il ne luy est déja present; & on ne sçauroit produire vn seul passage, où il dise qu'alors son esprit de prieres luy manque.

CHAP. VIII.

Que sainct Augustin ne dit rien qui fauorise ceux qui pretendent que le iuste se trouue quelquefois dans l'impuissance de faire les commandemens de Dieu, mesme sans pouuoir luy en demander la grace. Combien leur foiblesse paroit aux lieux mesmes où ils se disent si forts & inuincibles. Iugement de l'Eglise sur ce sujet.

Pag. 17. *des considerations sur l'entreprise faite par Maistre Nicolas Cornet Syndic.*

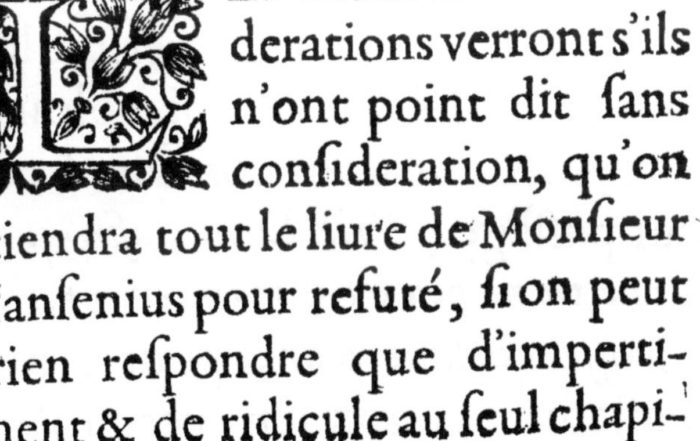

LEs autheurs des Cõsiderations verront s'ils n'ont point dit sans consideration, qu'on tiendra tout le liure de Monsieur Iansenius pour refuté, si on peut rien respondre que d'impertinent & de ridicule au seul chapitre où

tre où

ſtre, où il entreprend de prouuer par S. Auguſtin, que quelquesfois lors que les iuſtes ſont expoſez à quelques tentations, *ils n'ont ny la grace preſente pour les ſurmonter, ny l'eſprit d'oraiſon pour en impetrer les forces.* Ils ſe vantent peut eſtre ſans ſujet, quand ils écriuent que c'eſt pour faire voir que parmi eux *on ne dit rien dont on ne ſoit tres aſſeuré.* Certes tout homme qui viendra ſans paſſion à l'examen des paſſages qu'il en produit, reconnoiſtra aiſément que tous ne ſont pas fidellement alleguez, & dans leur veritable ſens. ie leur demanderois volontiers, s'ils ont bien conſideré ce ſeul paſſage, *Prie Dieu, afin que ce que tu ne peux pas maintenant, tu le puiſſe quelque iour,* pour eſtre ſi aſſeurez de ſon ſens veritable,

Nec adeſt gratia quâ ſuperentur, nec ſpiritus orationis quo vires impetrentur. *Ian. l. 3. de grat. Chriſti. c. 13.*

Roga Deum vt quod non potes modo, poſſis aliquando. *D. Aug. epiſt. 70.*

Il eſt cité & écrit en lettres capitales, cóme fort preſſant pour conuaincre tous eſprits que les Iuſtes ne peuuent pas toujours faire les commandemens de Dieu. Veritablement ſi l'on vouloit ſe ſeruir de leur ſtile, on pourroit dire, qu'en le prenant en ce ſens pluſtoſt qu'en le refutant, on ne peut paſſer *pour autre que pour impertinent & ridicule au iugement des hommes doctes.* Il ne faut que le voir ſur la fin de l'epiſtre de ſainct Auguſtin au Comte Boniface, pour auoüer que c'eſt vn Commentaire qui luy fait dire ce qu'il ne dit pas. Car là il luy donne ſeulement aduis, que s'il ne peut pas diſpoſer ſa femme à garder la continence, pour n'eſtre plus obligé de luy rendre le deuoir qu'elle pouuoit luy demander, il doit prier Dieu, afin qu'il puiſſe vn iour effectiuement, ce qu'il ne pourroit pas pour lors gaigner ſur ſon eſprit: Et on luy fait dire contre ſa penſée que la grace luy manquoit, pour pouuoir faire les commandemens de Dieu. Il ne faut qu'vn peu de ſens commun, pour reietter ce ſens particulier. I'ay eu de la peine à croire à mes yeux, ne pouuant m'imaginer que des eſprits, qui ſi on les veut croire, ne diſent rien, dont ils ne ſoient tres aſſeurez, ſe ſoient ainſi oubliez, eux qui ſçauent ce que dit Tertullien, que *la gloſe adultere fait autant d'outrage à la verité que la plume fauſſaire.* Certes ie ne ſçay pas comment ils n'ont pas bien veu que ce paſſage n'eſt point cité dans ſon veritable ſens, il faut

Tantum veritat[illegible] obſtrepit a[illegible]us qu[illegible] & corrup[illegible] ſtylus. *de p[illegible]* c. 17.

qu'ils ne l'ayent veu que dans l'Auguſtin pretendu d'Ipre, & non dans le vray d'Hippone.

Ie ne m'engage pas à reſpondre icy en particulier aux autres paſſages. Ie vous diray ce qui ſuffit en general, que pas vn ſeul ne prouue ce qu'ils pretendent, & ce qu'on leur nie, que les iuſtes ſe trouuent quelquefois dans l'impuiſſance de faire vn commandemẽt de Dieu, qui les oblige alors, ſous peine de peché, ſans qu'ils puiſſent meſme implorer ſon ſecours. Liſez-les, ie vous prie, & vous recõnoiſtrez auec moy que ceux-là meſme, où il n'eſt queſtion que des pecheurs, qui ſont encore dans la ſeruitude du peché, & qui en portent les liens, monſtrent qu'ils peuuent auoir recours à la priere pour en eſtre deliurez, & pouuoir viure à la iuſtice. Vous verrez ſans doute, que ſi Dieu ne donne pas auſſitoſt aux iuſtes le pouuoir de faire ſes commandemens, ce n'eſt que pour leur faire reconnoiſtre leur foibleſſe, & le beſoin qu'ils ont de prier ſans ceſſe ſa bonté de les vouloir ſecourir; & que s'ils tombent, c'eſt que préſumans trop de leurs propres forces, ils n'implorent pas comme ils peuuent, & comme ils doiuent ſon aſſiſtance. Cela ſe voit au ſeul paſſage de la cheute de ſainct Pierre, où il eſt dit, qu'il *auoit promis de mourir pour* IESVS-CHRIST *par ſon ſeul libre arbitre, ſans y adiouſter auſſi l'aide de Dieu.* Et où Monſieur l'Eueſque d'Ipre meſme recónoit qu'il eſt tombé, parce qu'il s'eſtoit trop aſſeuré en ſes forces, *au lieu*

Per ſolum enim arbitrium non addito etiam Dei adiutorio promiſerat, ſe pro Chriſto moriturum. *Aug. ſerm.* 124. *de tempore.*

Pro qua impetranda orare debuerat ſupra.

qu'il auoit dû prier pour les obtenir. Et s'il ſe trouue en quelque lieu que l'eſprit d'oraiſon ſemble quelquefois nous manquer pour nous faire connoiſtre que c'eſt Dieu qui le donne, & qu'il n'eſt pas de nous, il ne ſe trouuera iamais qu'il nous manque aux iours de la tentation ; où nous auons beſoin de luy demander qu'il nous aſſiſte de ſa grace pour ne point déchoir de la iuſtice par le peché.

Vous trouuerez au contraire que ſainct Auguſtin enſeigne par tout, que Dieu *qui nous commande de faire, donne auſſi le pouuoir de prier & de chercher & de frapper. Que l'homme eſt donc aidé de la grace, afin qu'on ne commande point à ſa volonté ſans cauſe.* Et qu'*ainſi il eſt aidé pour faire ce qui eſt commandé.*

Et petere & quærere, & pulſare ille cõcedit, qui vt faciamus iubet. *L. 1. quæſt. 2. ad ſimplic.*

Homo ergo gratiâ iuuatur ne ſine cauſa voluntati eius iubeatur. *L. de*

Et pour ne point alleguer en ce lieu tout ce qui se rencontre en faueur de cette verité dans ses écrits: ie remarqueray seulement qu'il prouue mesme par les saintes Escritures que la sagesse de Dieu pour ne le point auertir en vain de ce qu'il doit faire, assiste sa foiblesse en excitant dans son interieur quelque mouuemẽt d'affection pour le prier de luy en donner les forces. *Car*, dit-il, selon l'édition des LXX. *la sagesse de Dieu porte en sa langue la loy & la misericorde, d'où il est écrit au Pseaume, que celuy qui a donné la loy, donnera aussi sa benediction.* Ainsi on ne peut douter de cette verité, qu'en doutant mesme de la verité des oracles diuins, & il faut fermer les yeux à ces lumieres, pour ne pas croire que Dieu qui nous

grat. & lib. arb. c.4.

Sic quippe adiuuatur, vt faciat quod iubetur. *Ibid. c. 15.*

Aliquid dilectionis. *Ibid.*

Sapientia quippe Dei legem & misericordiam in lingua portat, vnde scriptum est in Psalmo, etenim benedictionem dabit, qui legẽ dedit. *Ibid. c. 18.*

νόμον δὲ καὶ ἔλεον ἐπὶ γλώσσης φορεῖ. *Prouerb. 3.*

commande, nous donne quand & quand ſon ſecours neceſſaire pour pouuoir luy obeïr.

Auſſi l'Egliſe, dont le iugement eſt infaillible, le declare à vn chacun des fideles dans le Concile de Trente, en ces mots plus clairs que le iour. *Dieu ne commande point des choſes impoſſibles, mais en commandant il aduertit, & de faire ce que tu peux, & de demander ce que tu ne peux, & aide afin que tu puiſſe.* Qui ſeroit ſi aueugle que de ne pas voir au milieu d'vne ſi grande lumiere, que Dieu ne commande point des choſes, ou que nous n'ayons deſia le pouuoir de les faire, ou que nous ne puiſſions luy demander, & qu'il nous aide, afin que nous le puiſſions.

Deus impoſſibilia non iubet, ſed iubendo monet, & facere quod poſſis, & petere quod non poſſis, & adiuuat vt poſſis. *Conc. Trid. Seſſ. 6. c. 11.*

CHAP.

CHAP. IX.

Que ceux qui disent que les iustes n'ont pas tousiours en leur pouuoir de prier Dieu comme il faut quand ils en ont besoin, ne se fondent que sur vn faux principe desia ruiné, & qu'en les suiuant, il faudroit croire que l'Eglise en vn endroit n'a condamné les Caluinistes qu'auec erreur.

IL semble qu'il faut estre ébloüy de ces clartez, pour dire au cótraire qu'il est tres-éuident que plusieurs fidelles & spirituels, n'ont pas de grace suffisante pour sçauoir bien prier, parce que plusieurs prient mal, & ne reçoiuent pas le secours dont ils ont besoin, pour

Iansen. l. 3. de grat. Christi, c. 5. & 13. La lettre de l'Abbé à l'Abbé sur la conformité de sainct Augustin auec le Concile de Trente, touchant la pos-

ſsibilité des cõmandemens de Dieu. au ch. 21. pag. 4.

L'écrit intitulé, Propoſitiones de gratia in Sorbonæ facultate propediem examinandæ. pag. 8.

Ne in vacuum gratiam Dei recipiatis. 2. *Corint.* 6.

Ne quis deſit gratiæ Dei. *Heb.* 12.

pouuoir accomplir les commandemens. Quoy donc à ce compte les Chreſtiens n'ont point de graces quand ils en font vn mauuais vſage, au lieu de s'en bien ſeruir? Et on pourroit ainſi cóclure, que ceux-la n'en ont point receu qui luy ont manqué de correſpondance? En vain donc ſainct Paul nous exhorte ſur tout *à ne point receuoir en vain la grace de Dieu*, ſi elle eſt touſiours neceſſairement efficace & fructueuſe, & ſi elle ne peut eſtre iamais receuë inutilement, & ſans effect, en pas vn de ceux à qui elle eſt donnée. En vain encore cét Apoſtre qui eſtoit chargé du ſoin de toutes les Egliſes, recommande tant aux Hebreux de prendre garde, *que pas vn ne manque à la grace de Dieu*, ſi pas vn ne peut manquer d'y correfpondre. Et si comme écrit vn Abbé *dans la nature infirme, la volonté peut bien estre sans la grace, mais la grace ne peut estre sans le bon vsage de la volonté.*

En la lettre de l'Abbé à l'Abbé. Pag. 41.

En l'écrit intitulé, Propositiones de gratia. Pag. 14.

Que si toute grace de IESVS-CHRIST, auec laquelle on peut resister au peché, produit tousiours necessairement son effect, sans que le mauuais vsage de la liberté de l'homme puisse iamais l'empescher ; pourquoy donc sainct Augustin où il parle des petits enfans qui sont baptisez, dit-il, *que celuy qui vit apres le baptesme, & qui paruient en vn aage capable de precepte, a alors sa concupiscence à combattre, & dequoy la surmonter, Dieu l'aidant, s'il ne reçoit sa grace en vain, & s'il ne veut estre reprouué*; supposant sans doute que quelques vns l'a reçoiuent

Si post baptismum vixerit, atque ad ætatem capacé præcepti peruenerit, ibi habet cum qua pugnet, eamque adiuuante Deo superet, si non in vacuum gratiam susceperit, si reprobatus esse noluerit. *L.1. de peccat. merit. & remiss. c.38.*

vainement, & ſans ſuccez à leur ſalut?

Mais ce qui doit en fin conuaincre tous vrais Catholiques, c'eſt que nous voyons que le Concile de Trente condamne *ſous anatheme, quiconque dira que tous ceux-là peuuent contracter mariage, qui ne reconnoiſſent point auoir le don de chaſteté, encore qu'ils l'ayent voüée, parce que Dieu*, dit-il, *ne le denie point à ceux qui le demandent bien, ny ne ſouffre point que nous ſoyons tentez au deſſus de ce que nous pouuons.* Car de là il eſt plus clair que le iour qu'il tient pour indubitable, que tous les fidelles qui ne ſe ſentent point capables de garder la continence, peuuent bien en demander la grace, & que Dieu n'en delaiſſe point ſans forces ſuffiſantes pour pouuoir

Si quis dixerit poſſe omnes cõtrahere matrimonium, qui non ſentiunt ſe caſtitatis, etiãſi eam vouerint habere donum, anathema ſit, cũ Deus id rectè petentibus non deneget, nec patiatur nos ſupra id quod poſſumus, tentari. *Seſſ.* 24. *Can.* 9.

vaincre les tentations, & en ſortir auec triomphe, quoy que pluſieurs y ſuccõbent tout à fait, & en demeurent vaincus. Il faudroit eſtre à mon aduis aueugle volontaire, pour ne pas voir que c'eſt la ſeule raiſon auec laquelle il combat les heretiques, qui diſent que les perſonnes qui ſont obligées par vœu à viure dans le celibat, peuuent ſe marier, ſi elles ſe trouuent n'auoir point la grace de continence. Et par conſequent que s'il les combat auec verité, comme on n'en peut douter, il faut croire que tous les fidelles, & ſur tout les iuſtes, ont aſſez de grace pour ſçauoir bien prier Dieu, & auoir ſon ſecours aux iours de la tentation, & de la neceſſité. Qui pourroit donc ſouffrir des Catholiques qui veulent ſouſtenir des opinions ſi peu conformes, mais toutes contraires au ſentiment de l'Egliſe vniuerſelle dans vn Concile œcumenique?

CHAP. X.

Que la reſponſe d'vn Abbé n'eſt pas aſſez ſubtile pour éluder la force de l'authorité de ſainct Auguſtin & de l'Egliſe, touchant la poſſibilité des commandemens de Dieu, & qu'il n'a iamais eſté permis de dire, qu'ils ſont quelquefois impoſſibles à vn homme iuſtifié.

L'Abbé qui s'oppoſe à ces veritez, pretendant que Dieu ne donne pas touſiours aux iuſtes la grace de faire ou de prier, pour pouuoir faire ſes commandemens qui les obligent, reſpond que *lors que ſainct Auguſtin & le Concile de Trente, diſent que Dieu ne nous commande point des choſes impoſſibles; ils veulent dire proprement que Dieu ne commande point des choſes qui ſoient impoſſibles à la nature ſaine, bien que par accident elles ſoient impoſſibles à la nature malade.* Mais ſi le Soleil eſt clair au poinct de ſon midy, où il a ſes rayons plus éclattans, il eſt auſſi clair que ce ſainct Docteur parle de l'eſtat de la nature malade, quand il dit, *qu'il faut ſçauoir que Jeſus-Chriſt ne commande point des choſes impoſſibles;* car on ſçait que ce grand Medecin du ciel n'eſt venu que pour guerir l'homme malade en terre. Et ie veux ce que l'Abbé obiecte, que l'homme dans cét eſtat, a

L'Abbé à l'Abbé pag. 41. & 42. du chapitre 21.

Sciendum eſt ergò Chriſtum non impoſſibilia præcipere. *D. Aug. ſerm. 59. de tempore.*

L. 2. de peccat. merit. & remiſſ. c. 6.

In Pſ. 57.

L. de nat. & grat. c 43. & 99.

Si venit de cœlo magnus Medicus, magnus per totum orbem iacebat ægrotus. *D. Aug. ſerm. 9. de verbis Apoſt. &c.*

En la lettre de l'Abbé à l'Abbe. p. 5.

Medicina poterit quod vitio non potest, *L. de nat. & grat. c. 43.*

Ea quippe fides iustos sanauit, antiquos, quæ sanat & nos. *Ibid. c. 44.*

besoin d'estre gueri, afin que les commandemens de Dieu luy soient possibles, & *qu'il puisse*, selon le mesme Sainct, *par le remede ce qu'il ne peut par son vice*: Il doit aussi auoüer, ce que ce Sainct adiouste aussi-tost, que *la mesme foy en Jesus-Christ nous guerit, qui a gueri les anciens iustes.* Et partant que tout fidelle qui est ainsi guery, peut faire ses commandemens. Il n'est pas moins clair que l'Eglise, à qui appartient d'expliquer la tradition des saincts Peres, aussi bien que des Escritures sainctes, a pris ses pensées & ses paroles au mesme sens, pour en former sa decision dans ce Concile general. Il ne faut que sçauoir lire pour voir qu'elle parle de l'homme guery & iustifié dans l'estat present, quand elle declare que *Dieu ne ne commande point des choses impossibles, mais qu'en commandant il aduertit, & de faire ce que tu peux, & de demander ce que tu ne peux, & aide afin que tu puisse.* Il faudroit aussi auoir peu d'intelligence pour ne pas voir que ce sainct Concile defend comme vne erreur, de dire, que les commandemens de Dieu sont impossibles à quelques vns des iustes quand il dit, *qu'aucun ne doit se seruir de cette parole temeraire & defenduë sous anatheme par les Peres, que les preceptes de Dieu sont impossibles à l'homme iustifié, pour estre obseruez, parce que Dieu ne commande point des choses impossibles.* Qui ne verroit, ie vous prie, que cette defense auec cette proposition, qui est negatiue, ne permet iamais de dire qu'ils ne sont point possibles à l'homme iustifié, ou

Deus impossibilia non iubet, sed iubendo monet & facere quod possis & petere quod non possis, & adiuuat vt possis. *Sess. c.* 11.

Nemo temerariâ illâ & à Patribus sub anathemate prohibitâ voce vti debet, Dei præcepta homini iustificato ad obseruandum esse impossibilia, nam Deus impossibilia non iubet *Ibid.*

que Dieu luy commãde des choses impossibles ? Et qu'il s'ensuit donc, comme le remarque Vega, l'vn des celebres Theologiens de cette saincte Assemblée, *qu'ils ne sont point impossibles à pas vn iustifié.* Car s'ils estoient en effet impossibles, particulierement à quelques vns iustifiez, ainsi que l'Abbé se l'imagine, on pourroit dire quelquesfois qu'ils sont impossibles à l'homme iustifié, ou que Dieu luy commande des choses impossibles, ce que ce sage Concile nie, & defend absolument de dire, comme vne erreur desia condamnée par les anciens Peres. Et sainct Augustin mesme a dit, non seulement, qu'il croit *que Dieu n'a rien commandé d'impossible à l'homme*, mais aussi que *luy qui est iuste n'a pû commander quelque chose d'impossible.*

Nulli iustificato præcepta sunt impossibilia. *L.* 11. *de obseruat. mandatorum Dei. c.* 9. *En l'écrit intitulé*, Propositiones de gratia, *p.* 3. *&* 10.

Nec Deum aliquid homini impossibile præcepisse. *L.* 2. *de peccat. merit. & remiss. c.* 6. Nec impossibile aliquid potuit imperare qui iustus est. *Serm.* 61. *de tempore.*

CHAP. XI.

Que l'Eglise a tousiours condamné d'erreur & de blaspheme ceux qui ont dit, que les commandemens de Dieu sont impossibles à quelques vns. Censures de la faculté de Theologie, & Arrests du Parlement de Paris, sur ce sujet.

CELA se peut encore voir par la profession de foy qui se faisoit dans les premiers siecles de l'Eglise, & qui se trouue inserée dans les œuures de S. Augustin & de S. Hierosme, & approuuée par le Pape Zozime, auec ces mots : *Nous detestons aussi le blaspheme de ceux qui disent que Dieu a commandé quelque chose d'impossible à l'homme, & que ses com-*

Serm. 191. de tempore, in Symboli explanatione ad Damasum. Epist. 4. ad Africanos.

Execramur etiã eorum blasphemiam qui dicunt impossibile aliquid homini a Deo præceptum esse

& mandata Dei non à singulis sed ab omnibus in communi posse seruari.

In libello fidei Pelagij ad Innoc.

mandemens ne peuuent estre gardez d'vn chacun en particulier , mais de tous en general. Apres la lumiere de ces paroles on n'en doit point chercher d'autre pour voir la veritable creance de l'Eglise. Il est tout éuident que les anciẽs Peres ont obligé tout fidelle de croire que les commandemens de Dieu ne sont point impossibles à pas vn, & de detester aussi l'erreur de ceux qui disoient le contraire. Cela estoit si necessaire pour passer pour Catholique , que Pelagius desirant paroistre tel, n'oublia pas de confesser la mesme chose en mesmes mots dans l'écrit qu'il auoit adressé au Pape Innocent premier, & que le bienheureux Zozime son successeur, receut & approuua en tout, comme conforme aux sentimens, &

Supra, epist. 4. ad Africanos.

au langage de l'Eglise Catholique.

Aussi si tost que Luther eut écrit, que *celuy-la fait tres-mal qui nie que Dieu nous aye commandé chose impossible*, la faculté de Theologie de Paris, *qui est comme vn Phare éclairant en la maison de Dieu*, qui est l'Eglise, dit l'vn des sçauans Papes, aduertit les fidelles, que *cette proposition estoit scandaleuse, impie, diffamante la loy Chrestienne, & selon sainct Augustin, vn blaspheme contre Dieu.* Ce sont les termes de sa censure, du 15. d'Avril 1521. qui se peut voir dans le Liure de ses censures, qui commence en l'an 1384. & le Parlement de Paris, qui n'est pas moins l'Assemblée des premiers esprits que des premiers Iuges du Royaume, préuoyant quel mal pour-

Qui negat Deum nobis impossibile iussisse pessimè facit.

Quasi lucerna fulgoris in domo Domini. *Alexand. 3. ep. ad Academ. Parisiensem, eiusque magistros.*

Hæc propositio est scandalosa, impia, legis Christianæ infamatiua, ac authore Augustino in Deũ blasphema. *fol. 183.*

roit faire cette doctrine dans l'Eglise & dans l'Estat, ordonna par son Arrest du 12. Aoust 1523. que *veuë la determination sur ce faite par la faculté de Theologie, les liures de Luther seroient brûlez publiquement au paruis deuant l'Eglise de Paris:* defendit aussi de soustenir sa doctrine, *sur peine de bannissement de ce Royaume, & confiscation de biens*, Et enjoignit à tous Iuges & Officiers qu'*où ils trouueroient aucuns soustenans & alleguans la doctrine dudit Luther, ou retenans en leur possession les liures d'iceluy Luther, qu'ils les prendroient & constitueroient prisonniers, & mettroient és mains des Diocesains, comme suspects d'heresie.* Ce sont les propres termes de l'Arrest, qui est écrit dans le mesme liure des censures de la faculté de Theologie, pour faire voir à

folio 200.

tousiours que ce ſage Parlement n'a pas moins monſtré de zele & de religion pour les loix de Dieu que pour celles de l'Eſtat.

Peu de temps encore apres, la meſme Faculté eſtant aſſemblée en Sorbonne par ſon ordre, pour dire ſon aduis ſur les liures de Melancthon, mit cette propoſition, *Que la loy de Dieu commande des choſes impoßibles*, au rang de celles qu'elle declara eſtre *manifeſtement ſcandaleuſes & impies, & meſme heretiques & ſchiſmatiques*, & pourquoy elle iugea que les liures qui contenoient cette doctrine *eſtoient pernicieux, & deuoient eſtre du tout ſupprimez ou brûlez.* Cette cenſure fut publiée le 6. d'Octobre 1523. & eſt écrite dans le meſme liure, au fueillet 202. & ſuiuans.

Lex Dei impoſsibilia imperat.

Propoſitiones manifeſtè ſcádaloſæ ac impiæ nec non hæreticæ & ſchiſmaticæ.

Pernicioſos iudicat & prorſus extirpandos ſeu igni addicendos.

CHAP. XII.

Refutation de quelques responses d'vn Abbé. Comment selon sainct Thomas les commandemens de Dieu sont possibles mesme aux pecheurs.

En l'écrit intitulé, Propositiones de gratia. *p.* 12.

N ne peut répondre comme voudroit vn Abbé, pour éluder ces authoritez, qu'il est vray que Dieu ne commande point chose impossible à l'homme iustifié qui a son secours, mais que chaque iuste ne l'a pas. Car comme l'écrit l'vn des celebres Theologiēs du Concile de Trente, quand l'Eglise y declare, que Dieu ne luy commande point des choses impossibles, elle adioulte iouste aussi- tost ce qu'a dit sainct Augustin, *qu'il ne delaisse point ceux qu'il a vne fois iustifiez par sa grace, s'il n'est premierement delaissé d'eux, afin que nous sçachions que ce secours aussi puissant que necessaire, ne manque à pas vn des iustes.* C'est ce que S. Basile a dit deuant, *que Dieu qui est bon, & qui est iuste, n'auroit point commandé s'il n'auoit donné la grace de pouuoir faire.* Et certes autrement il commanderoit en vain, parce qu'il commanderoit l'impossible.

Deus namque suâ gratiâ semel iustificatos non deserit, nisi ab eis priùs deseratur. *Sess. 6. c. 11.*

Vt sciremus hoc auxilium tam potens quam necessarium, nulli deesse iustorũ. *Vega supra c. 11.*

καὶ οὐκ ἂν προσέταξεν ὁ ἀγαθὸς καὶ δίκαιος εἰ μὴ τὸ δύνασθαι ἐχαρίσατο. *in reg. breuior. resp.* 176

Ie sçay ce que l'Abbé a osé écrire, que s'il donnoit des commandemens sans la grace, ce seroit bien en vain pour ceux à qui il les donneroit, mais non pas en vain pour luy qui les donneroit, parce que ce seroit *pour faire paroistre, en les perdant, sa colere & sa*

En la lettre de l'Abbé à l'Abbé, p. 68.

puiſſance. Mais ie ne crois pas que cela ſe puiſſe dire ſans blaſphéme, au moins au regard des iuſtes qu'il a receus en ſon amitié. Cõment ſeroit-il poſſible que *le Seigneur qui eſt iuſte, & qui aime les iuſtices, qui ne veut pas meſme qu'aucuns periſſent, mais que tous ſe conuertiſſent, & faſſent penitence*, vueille perdre ceux qui ſont en ſa grace & en ſa protection, & qui menent vne vie qui répond à la ſainćteté de leur vocatiõ? *Le Seigneur qui aime les iuſtes, en qui il n'y a rien maintenant de la condamnation*, auroit-il deſſein de les damner pour le peché qu'il leur a remis, & pourroit-il en leur commandant quelque choſe d'impoſſible, prẽdre de là ſujet de faire éclatter ſur eux les iuſtes fureurs de ſon ire & de ſon indignatiõ? Nous auons

Iuſtus Dominus & iuſtitias dilexit. *Pſal* 10. Nolens aliquos perire, ſed omnes ad pœnitentiam reuerti. 2. *Petr*. 3.

Dominus diligit iuſtos. *Pſalm*. 145. Nihil ergo nunc damnationis eſt ijs. *Rom*. 8.

de meilleurs ſentimens de ſes bontez & de ſes miſericordes, & *de ce que nous croyõs tres-fermement,* auec ſainct Auguſtin, *qu'eſtant bon & iuſte, comme il eſt, il n'a pû leur commander des choſes impoſſibles.* Nous ſommes auſſi obligez de croire, que s'il ne leur donne auſſi-toſt la grace de pouuoir faire ce qu'il leur commande, *il les inſtruit*, au moins, *pour la demander par ſa prouidence, & que lors qu'ils l'a demandent, il les exauce par ſa clemence.*

Veritablement il faut croire que Dieu ne dénie point cette grace de le pouuoir prier, à pas vn des iuſtes qui luy ſont agreables, veu qu'il l'a donne meſme à des pecheurs qui luy ſont odieux, & que c'eſt vn Soleil qu'il fait luire ſur les bons & ſur les mauuais.

Ce sainct Docteur si brillãt dans ses lumieres, l'enseigne formellement, où il dit, *qu'en cette vie mortelle cela reste au libre arbitre de l'homme, non pas d'accomplir quand il veut la iustice, mais de s'adresser par vne deuotion suppliante à celuy par le don duquel il puisse l'accomplir.* Il explique luy mesme qu'il parle de celuy qui est encore sous la tyrannie du peché, & monstre que ne pouuant alors faire le bien comme il voudroit, il peut implorer le secours & l'assistance de Dieu pour le pouuoir. C'est ce qui a fait conclure au Docteur Angelique, qui suit par tout ses lumieres, *qu'il ne luy est pas impossible d'obseruer mesme le precepte qui est de l'acte de la charité, parce qu'il se peut disposer pour auoir la charité, & s'en seruir quand il l'aura.* Qu'aussi

Hoc enim restat in ista mortali vita libero arbitrio, non vt impleat homo iustitiàm cum voluerit, sed vt se supplici pietate conuertat ad eum cuius dono eam possit implere. *l. 1. ad simplic. quæst.* 1.

Non enim est impossibile hoc præceptum obseruare quod est de actu charitatis, quia

l'homme qui n'a point la grace, ſans laquelle on ne peut garder les commandemens, *n'eſt pas pourtant excuſé de peché*, s'il les viole, *parce que c'eſt par ſon defaut qu'il ne ſe prepare point pour l'auoir.* Voila la doctrine de ſainct Thomas & de ſainct Auguſtin qu'il faut ſuiure. On ne peut errer en ſuiuant ces lumieres.

homo poteſt ſe diſponere ad charitatem habendam, & quando habuerit eam, poteſt eâ vti. 1. 2. *qu.* 100. *art.* 10.

Quia ex eius defectu eſt quod homo ſe ad gratiam habendam non præparet, propter hoc à peccato non excuſatur. 1. 2. *quæſt.* 109. *art.* 8. *ad* 1.

CHAP. XIII.

Preuue inuincible que ſelon S. Auguſtin, il y a encore maintenant vne grace qui donne aux iuſtes le pouuoir de perſeuerer dans la iuſtice, autre que celle qui leur donne la perſeuerance meſme, & que les ſolutions que les aduerſaires y veulent donner, ſont toutes vaines.

QVe ſi apres ces lumieres, vous en pouuez encore deſirer d'autres, pour mieux découurir quel a eſté iuſques à la fin, le ſentiment de ſainct Auguſtin touchant la poſſibilité des commandemens de Dieu, il n'en rend pas vn témoignage moins éuident & moins illuſtre en ſon liure de la Correction & de la Grace, qui eſt le dernier qu'il a reueu. Ce grand Sainct tout ſemblable à vn Soleil qui fait paroiſtre la pureté de ſes rayons iuſques à ſon couchant, écrit en ce liure, que *l'excuſe de ceux qui diſent, nous n'auons pas receu la grace d'oüir l'Euangile, paroit plus iuſte que celle de ceux qui diſent, nous n'auons pas receu la perſeuerance; parce qu'on peut dire à l'hom-*

Iuſtior enim videtur excuſatio dicentium, non accepimus audientiam quam dicẽtium non accepimus perſeuerãtiam, quoniam poteſt dici homi-

me, vous perſeuereriez ſi vous vouliez dans ce que vous auez entendu & pratiqué, au lieu qu'on ne luy peut dire en façon quelconque, vous croiriez ſi vous vouliez ce que vous n'auez point entendu. D'où il s'enſuit éuidemment qu'il eſt vray de dire, ſelon ſa pure doctrine, que celuy qui a oüi l'Euangile de IESVS-CHRIST, & qui a eſté ſanctifié par ſa grace, reçoit de Dieu le pouuoir de perſeuerer dans ſa creance & dans ſa iuſtice, & qu'il ne tient qu'à luy de s'en ſeruir: par conſequent qu'il a le pouuoir d'obſeruer ſes commandemens, puis qu'on ne peut perſeuerer dans la bonne vie, qu'en les obſeruant ſans les violer.

ni in eo quod audieras & tenueras, in eo perſeuerares ſi velles. Nullo modo autem dici poteſt, id quod non audieras crederes ſi velles *L. de correct. & grat. c. 7.*

Ie laiſſe pluſieurs lieux ſemblables qui ſe trouuent dans ſes Liures, parce que celuy-la ſuffit pour faire voir qu'il a tenu pour constant, qu'à tous ceux qu'il plaist à Dieu d'appeller en la lumiere de sa grace sanctifiante, il luy plaist aussi de leur donner le pouuoir d'y demeurer s'ils le veulent, & partant de garder ses commandemens iusques à la fin. C'est aussi la doctrine que le Cócile d'Orange, qui a suiuy son esprit & son langage, combattant apres luy le reste des Pelagiens, nous propose non comme vne simple opinion seulement, mais comme vn article de foy: *Nous croyons aussi cela selon la foy Catholique*, dit ce Concile tenu en France, & receu de toute l'Eglise, *que tous ceux qui sont baptisez ayant receu la grace par le baptesme, peuuent & doiuent s'ils veulent fidellement trauailler, accomplir les choses qui*

Hoc etiam secundum fidem Catholicam credimus, quod acceptâ per baptismum gratiâ omnes baptisati Christo auxiliãte & cooperãte quæ ad salutem animæ pertinet,

qui regardēt le ſalut de leur ame, Ieſus-Chriſt les aidant & trauaillant auec eux. Que peut-on dire ou deſirer de plus clair? qui ſeroit ſi aueugle ou ſi opiniaſtre, que de ne vouloir pas voir au milieu de tant de lumieres, que tous ceux qui ſont ſanctifiez par le bapteſme, ont le pouuoir par Ieſus-Chriſt, de faire ce qu'ils ne pourroient par eux meſmes pour paruenir à leur ſalut? Et que donc il ne leur manque pas vne des graces neceſſaires, s'ils veulent s'en ſeruir, comme ils peuuent, & comme ils doiuent. Comment auſſi, ſi lors que nous eſtions ſes ennemis, il a voulu ſelon ſon bon plaiſir, que nous deuinſſions ſes enfans adoptifs, ne voudroit-il pas pareillement nous donner le moyen de viure en ſaincts, comme ſont

poſſint & debeant ſi fideliter laborare voluerint, adimplere.
Conc. Arauſ. 2. *Can.* 25.

obligez ſes enfans, pour luy plaire & le ſeruir? Et s'il nous a donné ſa grace, qui d'odieux que nous luy eſtions par le peché, nous a rendus agreables à ſes yeux, nous refuſeroit-il ſon aſſiſtance pour mener vne vie ſainte, & faire ce qu'il nous commande à ſa gloire? Veritablement il faut croire, que ſa bõté, ſa iuſtice & ſa ſageſſe, ne luy permettent pas de refuſer à ſes enfans la grace neceſſaire pour luy obeïr en ce qu'il deſire d'eux.

En la lettre de l'Abbé à l'Abbé Pag. 37. & 38.

En la ſeconde Apol. pour Monſieur Janſ. l. 3. c. 2.

Mais l'Abbé & tous ces Meſſieurs du party, qui veulent que les iuſtes ſoient quelquesfois dãs l'impuiſſance de faire les commandemens de Dieu, & que meſme la grace de le pouuoir prier leur ſoit déniée, diſent que ce paſſage de ſainct Auguſtin, de la

Correction & de la Grace, non-plus que celuy du Concile d'Orange qui suit en tout ses pas, ne nous peut en rien fauoriser; parce qu'écore qu'il soit dit, que celuy qui est sanctifié par le baptesme pourroit perseuerer dans le bien s'il le vouloit, il n'est pas dit qu'il puisse le vouloir, & que l'on sçait d'ailleurs, que le mesme Sainct dit apres le Sage, que c'est au Seigneur à preparer la volonté. A cela il est aisé de répondre, & la lumiere de ses paroles dissipe assez d'elle mesme ces legers nuages, dont ils voudroient l'obscurcir. Nous sçauons qu'il declare, que *les Pelagiens ne doiuent pas s'imaginer que ce qu'il a dit, que tous les hommes peuuent accomplir les commandemens s'ils le veulent, soit conforme à leur heresie*, comme s'il

Quod omnes homines possint si velint, nō existimēt noui hæretici Pelagiani secūdum eos esse dictum, &c.

Sed præparatur voluntas à Domino, & tanto augetur munere charitatis vt possint. *L. 1. retract. c. 10*

Quia præparatur voluntas à Domino ab illo petendum est vt tantum velimus, quantum sufficit vt volendo faciamus. *De grat. & lib. arb. c. 16.*

auoit dit qu'ils puissent le vouloir d'eux mesmes, *mais que c'est le Seigneur qui prepare leur volonté, & qui la fortifie de telle sorte par le don de sa charité, qu'ils le puissent.* Et que, *parce que c'est au Seigneur à preparer la volonté, il faut luy demander la grace de le vouloir tellement, que cette volonté suffise pour nous les faire accomplir.* Nous croyons la mesme chose, & c'est ce qui fait voir, que quand il a écrit, *qu'on peut dire au fidelle, vous perseuereriez si vous vouliez dans ce que vous auez entendu & pratiqué*; il a supposé, que Dieu luy prepare tousiours la volonté pour pouuoir vouloir par sa grace, ce qu'il ne pourroit pas par luy mesme, ou au moins qu'il peut luy demander cette grace. Certes, s'il ne l'entendoit ainsi, il ne diroit pas auec raiſon, que *l'excuſe de ceux qui diſent, nous n'auons pas receu la grace d'oüir l'Euangile, paroit plus iuſte que celle de ceux qui diſent, nous n'auons pas receu la perſeuerance, parce qu'on peut dire à l'homme, vous perſeuereriez ſi vous vouliez dans ce que vous auez entendu & pratiqué, au lieu qu'on ne luy peut dire en façon quelconque, vous croiriez ſi vous vouliez ce que vous n'auez point entendu.* Car l'vn n'auroit pû vouloir perſeuerer, nonplus que l'autre croire. Et on pourroit dire également à l'vn, vous pourriez croire ſi vous vouliez, comme à l'autre, vous pourriez perſeuerer ſi vous vouliez, ſi la volonté de l'vn n'eſtoit pas plus preparée pour le pouuoir vouloir que celle de l'autre.

Il entend donc que celuy qui

ne perseuere pas effectiuement, pourroit perseuerer s'il le vouloit, & que Dieu luy prepare la volonté pour le pouuoir vouloir. Et c'est ce qu'il explique dauantage, & confirme tout ensemble au liure qu'il a fait depuis, du bien de la perseuerance. Car là il dit en mots exprés & précis, que celuy qui n'a pas ce don de perseuerance, *peut le meriter en le demandant humblemẽt*, & qu'on peut dire au peuple fidelle, *que Dieu luy donne la grace pour le faire*, c'est à dire, pour le demander humblement: & par consequent qu'il luy inspire, au moins l'esprit de prieres pour le pouuoir demander comme il faut, & qu'il prepare ainsi sa volonté pour cét effet. Et ces Messieurs reconnoissent eux mesmes, que seló sa doctrine,

Hoc ergo Dei donum suppliciter emereri potest. *L. de bono perseuer. c. 6.* Etiam hoc vt faciatis ipse largitur. *ibid. c. 22.*

En la 2. Apolog. pour Mons. Ians. l. 3. ch. 2.

Dieu prepare la volonté aux vns plus pleinement qu'aux autres, & que ceux qui l'ont moins preparée, doiuent luy demander la grace de l'auoir dauantage.

Mais s'ils insistent encore, disans que *ces paroles de ce Sainct, monstrent seulement que la perseuerance dans le bien estant vne action de nostre volonté, il ne faut que le vouloir pour perseuerer*, & que dans son style, *tous les hommes peuuent accomplir les commandemens de Dieu s'ils le veulent, parce que le vouloir pleinement, c'est les accomplir*; ils le font parler en Sophiste ridicule. Car ainsi il diroit, vous pourriez perseuerer si vous perseueriez, ou si vous pouuiez perseuerer; l'homme pourroit accomplir les commandemens s'il les accomplissoit, ou pouuoit les ac-

Monsieur Arnaud en sa traduction du liure de la Correction & de la Grace, pag. 39.

En la seconde Apologie l. 3. chap. 2.

complir. Et en la meſme façon, & au meſme ſens, il auroit pû dire pareillement, vous pourriez croire ſi vous croyez, ou ſi vous pouuiez croire ce que vous n'auez pas entendu. C'eſt aſſez à mon aduis, pour reietter ce commentaire, de voir comme ils font parler vne ſi haute intelligence de la Theologie.

CHAP. XIV.

Cõfirmation de la meſme verité. Et de la veritable intelligence du paſſage celebre, du ſecours SANS LEQVEL, *& du ſecours* PAR LEQVEL, *de ſainct Auguſtin.*

IE demanderois vn peu volõtiers à ces Meſſieurs, s'ils ne veulẽt ſuiure que le meſme ſentiment de ſainct Auguſtin,

Auguſtin, pourquoy quand il s'exprime de la meſme façon au meſme Liure, ils le veulent expliquer diuerſement. Car quand il dit, qu'Adam qui eſt décheu, *pouuoit demeurer dans le bien s'il euſt voulu*, ils entendent qu'il veut dire, qu'il auoit receu la grace de pouuoir perſeuerer s'il vouloit, & que Dieu auoit laiſſé à ſon libre arbitre de s'en ſeruir ou ne s'en pas ſeruir, ſelon qu'il luy plairoit. Pourquoy donc quand il dit, qu'on peut dire au fidelle qui ne perſeuere pas, vous perſeuereriez ſi vous vouliez, n'entendent ils pas ſemblablemẽt qu'il veut dire, qu'il a donc la grace de pouuoir perſeuerer s'il le vouloit par ſon libre arbitre, & que Dieu luy a laiſſé de le vouloir ſi bon luy ſemble? Quelle raiſon,

Poterat ergo permanere ſi vellet. *L. de correct. & grat. c.* 11.

Q

ie vous prie, de donner diuers ſens à vne meſme expreſſion ſur le meſme ſujet. Comment ſeroit-il poſſible de dire plus clairement, que nous pouuons perſeuerer, qu'en diſant que nous perſeuererions ſi nous voulions?

Ie ſçay qu'ils vous diront, & c'eſt tout ce qu'ils peuuent dire, qu'il faut prendre les meſmes paroles de ce Sainct, en vn autre ſens quand il parle de la volonté de l'homme ſain & fort auant le peché, que quand il parle de la volonté des hommes malades & foibles apres leur cheute; parce que dans le premier eſtat, ſelon ſa doctrine, il n'auoit beſoin que d'vne grace ſuffiſante, dont il pouuoit ſe ſeruir ſelon qu'il vouloit. *Car ce ſecours eſtoit tel, qu'il pouuoit ne s'en point ſeruir lors qu'il*

Tale quippe erat adiutoriũ quod desereret cum vellet, &

le vouloit, & s'en seruir s'il le vouloit: & Dieu *luy auoit donné ce secours sans lequel il ne pouuoit demeurer dans le bien quand il l'eut voulu, & auoit laissé à son libre arbitre de le vouloir.* Mais que dans l'estat present où nous auōs perdu cette grande liberté, & sommes reduits à vne si grande foiblesse, nous auons besoin d'estre assistez par vn secours plus puissant. Qu'aussi maintenant toute grace de IESVS-CHRIST qui est vraimēt suffisante, est tout ensemble efficace, en donnant tousiours non seulement la puissance de vouloir & d'agir, mais la volonté mesme & l'action mesme, & qu'il ne s'y en donne plus qui soit simplement suffisante, & qui puisse estre sans son effet par le seul defaut de nostre volonté. Car *ce n'est*

in quo permaneret si vellet. *L. de corr. et. & grat. c. 11.*

Dederat adiutorium sine quo in ea non posset permanere si vellet, vt autem vellet in eius libero reliquit arbitrio. *ibid.*

pas seulement vn secours, sans lequel la chose ne se fait pas, mais aussi par lequel elle se fait.

Adiutorium est enim non solum sine quo verum etiam quo fit propter quod datur. *Ibid. c. 12.*

C'est là leur maxime capitale, & la principale source de leurs erreurs, de dire qu'auiourd'huy il n'y a plus de grace suffisante sēblable à celle d'Adam, qui luy donnoit le pouuoir de faire le bien, & dont l'vsage estoit laissé à son libre arbitre pour en vser ou n'en point vser, ainsi qu'il luy plairoit, & de pretendre que S. Augustin n'en reconnoit plus d'autre que celle qui est necessairement efficace. Car de là ils disent qu'on ne resiste iamais à la grace du sainct Esprit, & que les iustes qui violent vn commandement, n'ont point eu de grace pour le pouuoir garder. C'est aussi ce que Caluin a opposé à l'Eglise sur le mesme fondement en ces propres termes. *Or Dieu, dit-il, émeut nostre volonté, non pas comme on a long temps imaginé & enseigné, tellement qu'il soit apres en en nostre élection d'obtemperer à son mouuement, ou resister, mais il l'a meut auec telle efficace qu'il faut qu'elle suiue*, où il cite aussi les mesmes passages de sainct Augustin, qu'il pretend luy estre fauorables, *afin* adiouste-il, *que les Pelagiens de nostre temps, c'est à dire les Sophistes de Sorbonne ne nous reprochent, comme ils ont de coustume, que tous les Docteurs anciens nous sont contraires.*

L. 2. de son instit. ch. 3. §. 10.

Là mesme, au §. 13.

Pour ne point estendre par trop ce discours, ie ne m'engage pas icy à rapporter tout ce que les Theologiens Catholiques ont dit de la difference des graces necessaires aux deux estats de la volonté saine & malade; & comme quelques vns ont enseigné, que quand sainct Augustin n'auroit icy reconnu qu'vne grace efficace qui guerit la volonté, & qui produit immediatement l'effect de la conuersion du pecheur à Dieu, il en reconnoit par tout ailleurs des suffisantes pour l'a pouuoir en fin obtenir par voye de disposition, de prieres & d'impetration. Seulemẽt ie remarque en passant, que ceux qui ont écrit comme le tres-Illustre Cardinal Bellarmin pour la defense de l'Eglise contre les Caluinistes, ont noté d'erreur ou d'heresie leur opinion, en ce qu'ils nient des graces purement suffisantes. Au mesme lieu où Monsieur l'Abbé écrit, que Louys de Catanée ce-

L. de grat. & lib. arb. c 11.

lebre Thomiſte, a cõbattu dans le Concile de Trente l'hereſie de Luther, *ſelon les principes meſmes de ſainct Auguſtin & de ſainct Thomas,* il rapporte luy meſme qu'il *ſouſtenoit que Dieu opere en l'ame deux ſortes de graces preuenantes, l'vne ſuffiſante & l'autre efficace, que la volõté peut conſentir & reſiſter à la premiere.* Et en effect on peut voir que Caluin apres Luther, a nié cette grace ſuffiſante, qui eſt laiſſée à la volonté de l'homme, contre la tradition & le ſentiment de l'Egliſe *de long temps.*

En la lettre de l'Abbé à vn Eueſque. pag. 67.

Mais pour reuenir au poinct de la difficulté que l'on forme ſur les paroles de S. Auguſtin, il ne faut qu'auoir de bons yeux pour lire l'onziéme chapitre du Liure de la Correction & de la Grace. On verra que bien loin de nier maintenãt vn tel ſecours qui donnoit au premier homme le pouuoir de perſeuerer s'il vouloit, il ſuppoſe clairement qu'il eſt encore dóné à quelques vns. Voicy ſes paroles, *Maintenant ceux qui ſont priuez d'vn tel ſecours, en ſont priuez pour la peine du peché, & il eſt donné par grace & non par recompenſe à ceux à qui il eſt donné.* Vous voyez donc que ſelon ce ſainct Docteur, vn ſimple ſecours ſuffiſant qui n'eſt point different de celuy d'Adam, puis qu'il eſt tel, eſt encore maintenant donné à quelques vns. Et cela qu'il adiouſte auſſi-toſt, & immediatement apres, *qu'il eſt donné vn ſecours d'autant plus abondamment par Ieſus-Chriſt noſtre Seigneur, à ceux à qui il plaiſt à Dieu de le donner, que l'on n'a pas ſeulement vn ſecours, ſans lequel*

Nunc autem quibus deeſt tale adiutoriū iam pœna peccati eſt, quibus autem datur, ſecundum gratiam datur, nō ſecundum debitum. *L. de correct. & grat. c. 11.*

Et tanto amplius datur per Ieſum Chriſtū Dominum noſtrum, quibus id dare Deo placuit, vt non ſolum adſit ſine

lequel nous ne pouuons demeurer dans le bien, encore que nous le voulions, mais qu'il est tel & si fort qu'il nous le faut vouloir. Cela, dy-je, ne nie pas ce qui est dit, deuant qu'vn tel secours que celuy d'Adam est encore donné à quelques vns, mais dit dauãtage, qu'à ceux qu'il a plû à Dieu d'élire, il en est donné vn plus puissant, qui ne leur donne pas seulement de pouuoir perseuerer dans le bien s'ils le veulent, mais qui leur fait aussi vouloir tout ensemble. Certes, si ce sublime esprit peut estre vn assez bon interprete de ses pensées, il s'explique ainsi luy mesme, *Aujourd'huy*, dit-il, c'est à dire dans l'estat present de la nature corrompue, *non seulement ce premier secours de perseuerance*, qui dónoit de pouuoir perseuerer, *est*

quo permanere non possumus etiamsi velimus, verum etiam tantum ac tale sit vt velimus. *ibid.*

...nunc verò sanctis in regnum Dei per gratiam Dei prædestinatis

non tantum tale adiutoriũ perseuerantiæ datur, sed tale vt eis perseuerantia ipsa donetur. *ibid. c.* 12.
Hæc de his loquor qui prædestinati sũt in regnum Dei. *Ibid. c.* 13.

donné aux saincts qui sont predestinez par la grace de Dieu, pour le Royaume de Dieu, mais le secours qui leur est donné, est tel qu'il leur donne la perseuerance mesme; & derechef, afin qu'on n'en puisse douter, *Ie dis cela de ceux qui sont predestinez pour le Royaume de Dieu.* Que peut-on desirer apres ces paroles, pour reconnoistre qu'il ne parle que de la difference de la grace, particulierement de perseuerance des predestinez, apres la cheute du premier homme, où il dit que leur secours est tel & si fort maintenant qu'il les fait mesme vouloir, & perseuerer effectiuement iusques à la fin, au lieu qu'auparauãt celuy du premier homme, & des bons Anges, ne leur donnoit que le pouuoir de perseuerer s'ils le vouloient, mais ne les faiſoit point vouloir. Il faut auoüer qu'il enſeigne qu'auiourd'huy les predeſtinez ont non ſeulement vne grace ſuffiſante, mais auſſi vne efficace qui leur donne la perſeuerãce effectiue & finale: mais qu'il ne nie pas que les autres iuſtes n'ayẽt vne ſimple grace ſuffiſante pour pouuoir s'ils vouloient perſeuerer, & que pluſtoſt il le ſuppoſe au meſme lieu, où il dit, que maintenãt *vn tel ſecours* eſt donné à quelques vns, & qu'on peut dire à ceux qui ne perſeuerent pas effectiuement, *vous perſeuereriez ſi vous vouliez.* La meſme verité eſt encore clairement exprimée dans le liure qu'il a fait du bien de la perſeuerance, pour éclaircir & confirmer tout enſemble ſa doctrine de celuy de la correctiõ & de la grace, Tale adiutorium.

quand il dit, *qu'on peut meriter ce don de Dieu, en le priant humblemẽt?* car ainſi il reconnoit ſans doute vne grace ſuffiſante pour pouuoir auoir la perſeuerance, diſtinguée de celle qui l'a donne en effect infailliblement, puis qu'il auouë que par le moyen de l'vne on peut obtenir l'autre.

Il paroit donc auec combien peu de raiſon ils nous oppoſent ce paſſage qui ne leur peut en rien fauoriſer, & qui ne prouue que ce que nous croyons, que comme nous ſommes plus affoiblis de la cheute de noſtre premier pere, nous ſommes aſſiſtez d'vn ſecours plus puiſſant, & qu'outre vne grace ſuffiſante, quelques vns qui ſont choiſis, en reçoiuent vne efficace pour ſe conuertir à Dieu, & ne s'en point en fin retirer: mais il ne dit point à le bien considerer, que nous ne puissions plus encore que nous le voulions, nous aider d'vne grace suffisante, particulierement quand estans iustifiez par la grace de Iesus-Christ, nous sommes deliurez de la seruitude du peché, & remis dans la premiere liberté des enfans de Dieu.

Ie veux croire auec vn si grand Docteur que les Saincts ne pourroient pas en effect aisément perseuerer iusques à la fin, s'ils n'auoient qu'vne grace suffisante pour le pouuoir s'ils le vouloient, parce que leur volonté succomberoit bien tost par sa foiblesse parmy tant & de si grandes tentations de cette vie. Qu'aussi Dieu y a remedié par sa pure misericorde, en operant en eux le vouloir par vne grace efficace, qui ne manque iamais d'auoir ſon effect par vne force auſſi douce qu'inuincible. Mais ie croy auſſi auec le meſme Sainct, que le fidelle qui n'a point receu effectiuement le don de cette grace victorieuſe qui fait perſeuerer infailliblement, *le peut meriter en priant humblement.* Cela ſuffira pour cette heure, parce que ie ne me ſuis pas propoſé de répondre à fond a toutes les obiections qui ſont d'ailleurs ruinées; mais ſeulement de vous repreſenter les veritables ſentimens de ſainct Auguſtin, & d'éclaircir en paſſant quelques difficultez, qui pourroient donner de la peine. Et ie crois que vous voyez aſſez que les aduerſaires voudroient luy faire dire tout le contraire de ce qu'il dit, & de ce qu'il penſe.

Hoc ergo Dei donum ſuppliciter emereri poteſt. *De bono perſeu. c. 6.*

CHAP. XV.

Que l'obſcurité qui ſe trouue dans quelques paſſages de S. Auguſtin, ſe doit éclaircir par la lumiere des autres, particulieremẽt de ceux que l'Egliſe a pris pour faire ſeruir de regle à la creance des Catholiques.

PEut-eſtre que quelques vns, comme ébloüis de la lumiere, ne pouuans ſupporter la clarté des paroles de cét illuſtre Docteur, qui monſtrent qu'il a tenu que pluſieurs reſiſtẽt aux attraits de la grace, & que pas vn des iuſtes n'ẽ mãque pour pouuoir perſeuerer dans la iuſtice; Ils auront recours à quelques lieux obſcurs qui ſemblent les fauoriser. Mais vous m'auouërez, qu'il est contre toute apparence de raison, de vouloir éluder des passages clairs qui n'ont point de responses valables par quelques-vns obscurs qui s'expliquent aisément. Ce seroit aussi suiure l'esprit de tous les heretiques, qui ne fuyent rien tant que les lieux clairs & faciles des Escritures sainctes, & n'en recherchent que les obscurs & difficiles à entendre, que pour cela Tertullien appelle auec raison, *les chahuäts ou hiboux des Escritures.* On sçait que les Caluinistes ferment les yeux aux passages des Escritures sainctes, & des écrits de S. Augustin, qui monstrent clairement la creance de l'Eglise, & ne se plaisent qu'à ceux qui ont quelque obscurité, non seulement

Lucifugæ scripturarum. *L. de resur. carnis c. 47.*

lement au poinct de la grace, mais aussi en celuy de l'Eucharistie, qui en contient l'Autheur & le Pere des lumieres. Et ceux qui ont le moins de connoissance des controuerses de ce temps, ne peuuét non plus ignorer, que quoy que ces heretiques en produisent vn plus grand nombre d'obscurs, qui semblent les fauoriser en apparence, ils n'en tirent en effet aucun auantage.

Que s'il est vray, comme on n'en peut douter, que l'obscurité qui se trouue dans quelques passages, se doit éclaircir par la lumiere des autres; il ne l'est pas moins que c'est par la lumiere de ceux que l'Eglise a canonisez, & fait siens, pour seruir de regle à nostre creance. Tout fidelle, sans doute, en doit demeurer d'accord. Il eſt trop viſible que dans ſes definitions, & dans ſes inſtructions, elle ne ſe ſert que des paroles les plus claires & les plus faciles à entendre : Par conſequent qu'elle n'a pris que ſes paſſages les plus clairs pour en former ſes deciſions dans ſes Cóciles. Tout vray Catholique reconnoit encore, qu'elle a auſſi bien le don d'intelligence & d'interpretatió de la tradition des ſaincts Peres que des ſainctes Eſcritures ; Et partant qu'il doit prẽdre leurs paroles au ſens qu'elle les prend, & non pas les expliquer à ſa mode, & ſelon ſes propres lumieres.

Cela eſtant poſé comme vn fondement qui ne ſe peut ébranler, il eſt auſſi tout conſtant, qu'il faut expliquer les paſſages de ſainct Auguſtin, qui peuuent contenir quelque obſcurité, par ceux que nous auons pris pour éclaircir les veritez que ces Meſſieurs voudroient obſcurcir par leur doctrine. Car ce ſont les meſmes dont l'Egliſe a tiré ſes Canons contre les heretiques, & formé ſes inſtructions pour les Catholiques, & il eſt auſſi clair qu'elle les a pris & expliquez au ſens que nous les entendons & que nous les prenons. Il ne faut que ſçauoir lire pour le pouuoir reconnoiſtre dans le Concile de Trente. Caluin & ſes adherans ſe vantoient deſia ſans ſujet, que S. Auguſtin eſtoit tout pour eux au poinct de la grace. Sur tout, qu'il tenoit contre les Pelagiens, que les commandemens de Dieu eſtoient impoſſibles, meſmes aux iuſtes. Ce ſçauant

L. 2. de inſt. c. 3. Sect. 13.

L. 2. inſt. c. 7. Sect. 5.

Concile n'emprunte que ses pensées & ses paroles qui monstrent le contraire, pour confondre ces heretiques, & confirmer tout ensemble les Catholiques dans leur creance. Premierement, il defend de dire *que les commandemens de Dieu sont impossibles à l'homme iustifié pour estre obseruez*, & declare que les saincts Peres ont desia defendu la mesme chose auec anatheme. Ce qui se peut encore voir dans la confession de *Foy*, qui se trouue approuuée par le sainct Siege, & inserée dans les œuures de sainct Augustin. Et Caluin mesme auouë en mesmes mots, *qu'il semble aduis que ce soit vne sentence fort absurde, tellement que sainct Hierosme n'a point fait doute de la condamner pour méchante*, ou comme il écrit dans son

Sess. 6. c. 11.

Epist. 4. Zozim. ad Episcopos Africanos.
Serm. 191. de tempore.

Inſtitution Latine, *de l'auoir en execration, & de la tenir pour anatheme.* Et puis le meſme Concile, animé du S. Eſprit, pour prouuer qu'on ne peut point dire que les commandemens de Dieu ſont impoſſibles à l'homme iuſtifié, employe ce qu'a dit S. Auguſtin en tant de lieux, *que Dieu ne commande point des choſes impoſſibles, mais qu'en commandant il l'auertit de faire ce qu'il peut, & de demander ce qu'il ne peut*; où pour expliquer qu'il entend que ſon aſſiſtance ne luy manque point auſſi, il adiouſte, *qu'il l'aide afin qu'il puiſſe.* Et meſme pour fermer la bouche à ceux qui veulent dire, que ſon aſſiſtance *auec laquelle les enfans de Dieu peuuent faire ſes commandemens*, n'eſt pas donnée à tous, mais eſt deniée à quelques-vns,

Non dubitarit anathema illi denuntiare. *L. 2. Inſt. c. 7. Sect. 5.*

Quod vtique cum auxilio diuino præſtare poſſunt. *ibid.*

il prouue par ses propres paroles, qu'elle ne manque à pas vns, *parce qu'il ne delaisse point ceux qu'il a vne fois iustifiez par sa grace, s'il n'est premierement delaissé d'eux.* Il dit aussi que *tous doiuent mettre & establir leur tres-ferme esperance dans ce secours de Dieu, parce que Dieu, si eux mesmes ne manquent à sa grace, comme il a commencé le bon œuure, ainsi il l'accomplira, operant en eux le vouloir & l'action mesme.* Et tout cela, selon les principes de ce S. Docteur de la grace, qui tient que ceux qui n'ont pas le don de la perseuerance actuelle iusques à la fin, qui est cét effect tant desirable de l'élection de Dieu fondée dans sa pure grace, auec vne singuliere & infaillible protection de sa bonté, *le peuuent meriter en le demandant humblement.* Et

In Dei auxilio firmissimã spem collocare & reponere debent. Deus enim nisi ipsi illius gratiæ desuerint sicut cœpit opus bonum ita perficiet operans velle & perficere. *Sess. 6. c. 13.*

par conſequent, que ſon eſprit aſſiſte leur foibleſſe pour le pouuoir demander comme il faut, & en fin l'obtenir s'ils ne viennent à luy manquer de correſpondance.

Voila donc la doctrine Catholique de S. Auguſtin & de toute l'Egliſe, que tout fidelle doit embraſſer & retenir s'il a ſoin de ſon ſalut, veu que ce Concile general declare tout exprés, que *ſi quelqu'vn ne l'a reçoit fidellement & fermement, il ne pourra eſtre iuſtifié.*

Quam niſi quiſque fideliter, firmiterque receperit iuſtificari non poterit, *ibid.* c. 16.

CHAP. XVI.

Explication de quelques passages qui pourroient donner de la peine à ceux qui sont moins intelligents dans la doctrine de S. Augustin. Response à quelques raisons qu'on oppose pour tromper les simples.

MAis l'Abbé & tous ces Messieurs du party, qui pretendent que sainct Augustin est dans d'autres sentimens, se fondent sur l'apparence de quelque raison qui surprend la simplicité de quelquesvns. Ils disent que s'il auoit creu que tous les iustes peuuent ainsi perseuerer s'ils le veulent, il auroit pû aisément

En la lettre de l'Abbé à l'Abbé, c. 20.

aisément rendre raison de ce que les vns perseuerẽt effectiuement & non pas les autres, en disant que tous pouuans bien demander cette derniere grace, les vns l'ont bien demandée & non pas les autres : au lieu qu'il auouë que ce luy est vn secret inconnu, & qu'il ne peut pas penetrer. Mais ils se trompent où ils veulent tromper. Car ce qu'il témoigne ne point comprendre, c'est comment Dieu donne plustost aux vns qu'aux autres vne grace plus puissante & si victorieuse, qu'elle produit toujours infailliblement son effect. Et ie m'estonne que l'Abbé n'a point veu en le voyãt dans le mesme passage qu'il a cité, que ce Sainct s'explique ainsi, que c'est tout le secret qu'il ne sçait qu'admirer, *pourquoy Dieu*

En la lettre de l'Abbé à l'Abbé, page 12.

aide celui-cy, & n'aide point cét autre, celui-cy plus, & celui-la moins, celui-cy d'vne maniere & celui-la d'vne autre. D'où il ne s'ensuit pas qu'il n'aye tenu qu'il les assiste tous suffisamment, quoy qu'inégalement. Ainsi quand l'Apostre s'écrie : *O abysmes des richesses de la sapience & de la science de Dieu, que ses iugemens sont incomprehensibles, & que ses voyes sont cachées?* il n'est rauy que de l'estonnement d'vne si estrange préference, qu'vne mesme cause & vne mesme masse de condamnation enfermât tous les hommes également; il en retire plustost les vns que les autres, auec vne grace efficace, qui les fait infailliblement conuertir & perseuerer iusques à la fin.

Cur autem illum adiuuet, illum non adiuuet, illum tantum, illum autem non tantum, istum illo, illum isto modo. *L. 2. de pecc. merit. c. 5.*

O altitudo diuitiarum sapiêtiæ & scientiæ Dei, quam incomprehensibilia sunt iudicia eius, & inuestigabiles viæ eius. *Rom. 11.*

Ils insistent, disans que ce sainct Docteur, qui apres cét

Apoſtre, qui a eſté rauy dans le Ciel, a penetré plus auant dans ces ſecrets, a écrit, que *Dieu prepare la volonté à quelques vns, & qu'il ne l'a prepare point aux autres.* D'où ils veulent conclure, que tous n'ont pas donc la puiſſance d'accomplir les commãdemens. Mais la reſponſe eſt facile, qu'il ne parle pas des iuſtes, que Dieu a receus en ſa grace, & dont il ſe dit le protecteur. Il ne faut qu'auoir des yeux pour voir qu'il ne dit cela que des infidelles, *dont plusieurs entẽdent la parole de verité, & les vns croyent & les autres contredisent*, Et meſme il veut ſeulement dire, que Dieu ne prepare que la volonté de quelques vns qu'il a choiſis ſelon ſon bon plaiſir, auec vn attrait ſi delicieux, & vn tel ſecours, qu'il les fait toû-

Cum aliis præparetur, aliis non præparetur, voluntas à Domino. *De prædest. sanct. l. c. 6.*

Multi audiunt verbum veritatis, ſed alij credũt alij contradicũt, *ibid.*

iours vouloir croire effectiuemẽt. Certes, ce n'eſt qu'en ce ſens qu'il entend dire, que ſeulement la volonté de quelques vns eſt preparée par le Seigneur, où cõme il s'explique luy meſme il parle *des éleus*, & ne nie pas ce qu'il a reconnu ailleurs formellement, que la volonté des autres ſoit auſſi preparée, quoy qu'auec vn ſecours moins fort pour auoir la puiſſance de vouloir obeïr à ſa parole.

In electis præparatur voluntas à Domino. *ibid. c.* 5. *De grat. & lib. arb.* 15. 16. & 17.

Ils oppoſent en fin, que ſi la grace de Ieſus-Chriſt ne manque point aux iuſtes pour pouuoir vouloir & agir, où ſes commandemens les obligent, il ne leur ſeroit point neceſſaire de s'adreſſer à Dieu pour demander ſon ſecours & ſon aſſiſtance, & que cette opinion eſt pour eſtouffer

Au Liure 3. *chap.* 1. *de la ſeconde Apologie pour Monſieur Ianſ.*

En l'écrit intitulé, Propoſitiones de gratia *p.* 7

l'humilité Chreſtienne par vn ſentimẽt preſomptueux, d'auoir aſſez de forces, & pour faire naiſtre quand & quãd vn meſpris de prier Dieu, & de faire de bonnes œuures. Mais à mon aduis, ils n'ont pas ſi peu de lumiere d'eſprit que de croire ce qu'ils diſent, Ils ſçauent bien que nous ne diſons pas que le ſecours auec lequel nous pouuons faire les commandemens, nous ſoit touſiours preſent, & que nous croyons ſeulemẽt qu'alors où nous en auons beſoin, la grace de prieres ne no⁹ manque point, ſi nous voulons nous en ſeruir pour le pouuoir obtenir. Et ils ne peuuent ignorer que cette creãce doit pluſtoſt imprimer dans nos cœurs vne humilité ſaincte, auec vn ſoin particulier de prier Dieu ſans ceſſe, veu que l'humilité de la priere est l'vnique moyen pour receuoir son assistance, parce que *Dieu resiste aux superbes & donne sa grace aux humbles.* Et c'est donc ce qui nous oblige dauantage à nous humilier deuant sa grādeur en qualité de pauures mendians, qui ne sont point capables de produire d'eux mesmes vne bonne pensée, & beaucoup moins vne bonne œuure pour le Ciel. Il est aussi tout constant que dans cette creance que la grace de Dieu peut estre receuë en vain & sans effect par nostre negligence, & que celuy qui luy manque de correspondance, en est en fin priué, on se met plus en peine, & en deuoir de produire, & d'amasser des fruicts de iustice & de saincteté, de peur de la perdre.

Deus superbis resistit, humilibus autem dat gratiam. *Iac.* 4. 1. *Petri* 5.

Ce ſeroit faire tort aux moindres eſprits que de croire qu'ils fuſsẽt capables de douter d'vne choſe ſi viſible.

D'ailleurs, la meſme creance ſert encore pour nous donner des ſentimens plus humbles de nous meſmes, & plus releuez de la iuſtice diuine. Qui ne void, ie vous prie, qu'elle eſt pour humilier dauãtage les iuſtes qui tombent par leur faute dans le peché, dautant qu'ils ſe trouuent ſans excuſe, ne s'eſtans point voulu ſeruir du pouuoir qu'ils auoient de Dieu de perſeuerer dãs la iuſtice, & qu'elle ne les oblige pas auſſi moins à implorer ſon ſecours victorieux, pour vouloir effectiuement ce qu'ils peuuent, parce que c'eſt luy qui nous fait vouloir, & qui nous fait agir infailliblement, quand il luy plaist de répandre ses douceurs ineffables dedans nos cœurs,

---

CHAP. XVII.

Des effects des nouuelles doctrines. D'où vient que quelques vns les reçoiuent si aisément. Comment il est aisé de reconnoistre qu'elles ne sont point de sainct Augustin, ny authorisées de l'Eglise.

AIS voyez comme les mesmes traits que ces Messieurs vouloient tirer sur nous, retournent en effect contre eux, & que leur opinion produit tous ces mauuais effects. Car si, comme ils pretendent, toute grace de Iesus-Christ, soit pour agir, soit

ſoit pour prier, entraiſne tousiours neceſſairement noſtre volonté, & ne manque iamais d'auoir ſon effet pour lequel elle eſt donnée, en vain feroit-on des efforts pour correſpõdre à ſes mouuemens, il ne faudroit pas ſe mettre tant en peine de faire des prieres, & de deuenir opulent en bõnes œuures, & il n'y auroit pas ſujet de prendre touſiours garde à ne luy point manquer de noſtre part. En verité ie ne vois pas pourquoy le premier des Apoſtres dõneroit cét aduis, *d'auoir ſoin ſur tout d'aſſeurer noſtre vocation & élection par les bonnes œuures.* Et ſi comme ils s'imaginent, tout homme iuſte qui peche ne peut s'en abſtenir, ny demeurer dans la pratique de la charité : ſon excuſe ſans doute pourroit paroiſtre iu-

Magis ſatagite vt per bona opera certam veſtram vocationem & electionem faciatis. 2 *Petr* 1.

Liure 3. ch. 5. de la seconde Apolog. pour Monf. Ianf.

ste, dautant qu'il n'auroit pas esté en son pouuoir, mais qu'il auroit esté dans l'impuissance de faire le bien comme dans vne necessité inéuitable, de faire le mal. Voila, voila, la doctrine qui est pour esteindre l'ardeur & l'affection auec laquelle on doit se porter à mener vne vie saincte, & à perseuerer au seruice de Dieu, & qui est aussi pour ietter les hommes dans l'oisiueté, dans la negligence, & mesme dans le desespoir de leur salut. Prenez donc garde, ie vous prie, à ne vous point laisser emporter au vent de ces erreurs, mais demeurez tousiours ferme dans la creance des veritez qui vous ont esté enseignées pour vostre salut. Vous n'ignorez pas qu'il faut fuir toutes nouueautez de dogmes, sçachant qu'elles ſont touſiours dangereuſes dans la religion. Souuenez-vous qu'il n'y a pas encore dix ans que tous les Catholiques diſoient anatheme à Caluin, pource qu'il a dit que les commandemens de Dieu ſont impoſſibles, & que ceux qui font mal ſont neceſſitez à faire mal, & que l'Egliſe auſſi a touſiours eu en execration ceux qui ont proferé ces blaſphémes. Vous direz que c'eſt choſe eſtrãge que quelques vns ſe ſont ainſi aiſément laiſſez ſurprendre à ces malheureuſes maximes, & que des erreurs auſſi contraires à la raiſon qu'à la foy, ont ſi toſt gaigné creance dans leurs eſprits. Mais telle eſt l'humeur de pluſieurs, comme la couſtume du monde de ne pas ſi toſt admirer les belles choſes qui ſuiuent l'ordre de la Nature, que les nouuelles ou monſtrueuſes qui s'en éloignent, & ſi nous voyons que les cometes ne s'allument pas plûtoſt en l'air, que ceux, que mille belles lumieres, qui luiſent dans le ciel auec vn ſi bel ordre, ne peuuent attirer & rauir, y tournent leurs yeux, & n'en parlent qu'auec admiration ; il ne faut pas tant s'eſtonner s'il y en a qui ne ſont curieux que des nouuelles doctrines contraires à la commune creance de l'Egliſe, & qui n'admirent que les autheurs qui les auancent. On dit qu'ils ont ie ne ſçay quels attraits, & que leur ſtyle eſt beau & agreable, ie l'auouë, & ne le veux pas nier. On ſçait auſſi que ceux qui ne veulent pas acquieſcer aux ſentimens communs de l'Egliſe, & qui y ſement la zizanie des nouuelles opinions, ne ſeroient iamais ſuiuis s'ils n'eſtoient éloquents, & s'ils ne ſe transformoient en Anges de lumiere, déguiſans leurs menſonges ſous les apparences de la pieté. C'eſt pourquoy comme le remarque Tertullien, *ils ſe vantent tous d'auoir la ſcience*, & comme dit ſainct Auguſtin, *de peur qu'ils ne paroiſſent priuez de la lumiere de la verité, ils ſe couurent de l'ombre d'vne ſeuere diſcipline.* C'eſt tout leur artifice pour parer leur mauuaiſe doctrine, & gaigner des eſprits foibles qui veulent paſſer pour ſçauants. Mais ſainct Paul nous a aduertis de nous tenir ſur nos gardes, pour ne nous point laiſſer ſeduire par des diſcours qui n'ont que des vaines apparences de verité, & qu'vne ſubli-

Omnes ſcientiam pollicentur. *Tertull. l. de praeſcr. aduerſus haeret. c. 41.*

Ne luce veritatis carere oſtendantur, vmbrā rigidae ſeueritatis obtendunt. *L. 3. contra parm. c. 1.*

mité dangereuse. *Que personne*, dit-il, *ne vous seduise par vne sublimité de discours.* Et si ceux qui sçauent que des faux diamants iettent quelquesfois plus de feu & & éblouïssent d'auantage que les bons, ne s'y laissent pas tromper; des esprits aduisez & clairuoyans dans les veritez de l'Eglise, ne se laissent non plus éblouïr par le faux éclat de leurs raisons, ny deceuoir par leurs belles apparences. Ils reconnoissent bien tost la fausseté de leur doctrine, quand ils disent qu'ils ne soustiennent que ce que sainct Augustin a enseigné, & ce que les Papes en ont approuué, ou ce que l'Eglise mesme en a pris pour faire ses Canons dans ses Conciles. Car ils voyent que les tenebres de la nuict ne sont pas si contraires à la

Nemo vos decipiat in sublimitate sermonis. *Coloss.* 2.

lumiere du iour, que leurs maximes à celles de l'Eglise, dans ses décisions tirées des paroles de cét illustre Docteur, & que les Papes n'approuuent rien de semblable à ce qu'ils pretendent. En lisant seulemēt l'epistre de sainct Celestin Pape, aux Euesques de France pour la defense de sainct Augustin, & de sa doctrine de la grace, on voit ce que le sainct Siege definit qu'il en faut croire, & ce qu'il dit suffire à salut. Il y a bien des propositions qui sont contraires à leurs sentimēs, mais il n'y en a point qui les fauorisent. Et quand cét oracle de l'Eglise auroit aussi bien approuué tous les autres poincts de sa doctrine, *qu'il declare n'estre point necessaire d'approuuer*; ils n'en pourroient tirer aucun aduantage,

Non necesse habemus adstruere. *Cœlest. de grat. Dei epist. ad quosdã Galliarum Episcopos.*

comme ils se vantent. Car il n'a enseigné nulle part ce qu'ils pretendent que l'on ne resiste iamais à l'esprit de la grace, & qu'il n'y en a plus maintenant qui soit vraiment suffisante que celle qui est efficace; & que quand les iustes tombent dans le peché mortel, c'est qu'ils n'en ont point du tout pour s'en pouuoir abstenir. Vous pouuez, ce me semble assez voir que ses sentimens sont tous contraires.

En l'ecrit intitulé, Propositiones de gratia pag. 14. &c.

CHAP. XVIII.

Que sainct Thomas qui a suiuy sainct Augustin, ny pas vn des autres Docteurs de Paris, n'a rien enseigné des opinions nouuelles. Que les vrais Catholiques ne doiuent point les defendre, & encore moins les bons François. Conclusion de ce discours.

LE

E nombre des Docteurs de Paris qui ont éclairé tout le monde par la lumiere de leur doctrine, surpasse celuy des estoilles qui brillent la nuict dans le ciel; & pas vn seul de tant d'Illustres personnages qui ont tousiours fait gloire de suiure sainct Augustin, comme l'esprit le plus brillant de tous, & le premier Maistre de la Theologie Scholastique, n'a rien tenu de semblable à ces opiniós qu'on luy veut imposer. On sçait que l'Ange de cette Eschole si celebre, qui s'est tousiours seruy de ses lumieres pour former ses decisions, & qui a merité l'approbation diuine, & le nom de Sainct dans l'Eglise, a escrit au contraire, Que la Loy nouuelle,

entant qu'il eſt de ſa part donne vn ſecours ſuffiſant pour ne point pecher; & que *ſi quelqu'vn peche*, comme il arriue trop ſouuent, *apres auoir receu cette grace, il eſt digne d'vne plus grande peine, comme celuy qui eſt ingrat a de plus grands bien-faits, & qui ne ſe ſert pas du ſecours qui luy eſt donné.* On voit encore comme il a meſme enſeigné, que *le commādement de l'acte de la charité n'eſt pas impoſſible* à celuy qui n'a pas la charité, *parce qu'il ſe peut diſpoſer pour l'auoir & s'en ſeruir quand il l'aura*, qu'auſſi celuy qui n'a point la grace, ſans laquelle on ne peut garder les commandemens, *n'eſt pas pourtant excuſé de peché*, s'il les viole, *parce que c'eſt par ſon defaut qu'il ne ſe prepare point pour l'auoir.* De là tous les diſciples de ce grād Maiſtre de la Theologie, auſſi

Quantum eſt de ſe ſufficiens auxilium dat ad non peccādum. 1.2. *quæſt.* 106. *art.* 2. *ad ſec.*

Si quis poſt acceptam gratiam noui teſtamenti peccauerit, maiori pœnâ eſt dignus, tamquam maioribus beneficiis ingratus, & auxilio ſibi dato non vtens. *ibid.*

Non enim eſt impoſſibile hoc præceptum quod eſt de actu charitatis, quia homo poteſt ſe diſponere ad charitatē habendam, & quando habuerit eam poteſt eà vti. 1.2. *qu.* 100. *art.* 10.

Quia ex eius defectu eſt quod homo ſe ad gratiam habendam non præparet, propter hoc a pec-

ſubtil dans ſes recherches, que ſolide dans ſes reſolutions, reconnoiſſent vne grace ſuffiſante, qui manque d'auoir ſon effect par le ſeul defaut du conſentement de l'homme. Caluin eſt le premier qui a abuſé de quelques paſſages obſcurs des écrits de ſainct Auguſtin, comme des Eſcritures ſainctes, pour luy faire dire contre ſa penſée auſſi bien que contre la voix commune des Peres de l'Egliſe, qu'il n'y a point maintenant de grace que celle qui eſt veritablement efficace. Il ſe vante luy meſme de vouloir renuerſer la tradition & la creance de pluſieurs ſiecles que defendoient les Docteurs de Sorbonne. Et c'eſt choſe bien eſtrange, qu'apres que tous les Catholiques ont combattu ſon erreur

cato non excuſatur. 1. 2. q. 109. *art.* 8. *ad* 1.

Supra.

auec des raisons inuincibles tirées des Escritures sainctes, & de la tradition, il s'en soit trouué vn qui ait entrepris de le vouloir soustenir. Mais c'est chose plus estrange de voir en nos iours, qu'apres que son Liure a esté censuré à Rome, *comme contenant des opinions desia condamnées*, plusieurs s'opiniastrent encore à le vouloir defendre. Car l'Autheur a témoigné estre dans la disposition de le vouloir censurer luy mesme, de la mesme main qu'il l'auoit écrit, l'ayant sousmis au iugement du sainct Siege, au lieu qu'ils le soustiennent tousiours auec tant de chaleur, au mespris de ses defenses. Ils deuroient bien reconnoistre que la doctrine de ce Liure, n'est pas la mesme que celle de sainct Augustin, puis

Iansen.

Quippe qui opiniones a Pio 5. & Gregorio 13. prædecessoribus nostris damnatas continere & tueri deprehẽsus fuit. *Vrbanus 8. Archiep. Mechlin.*

sur la fin de ses œuures. & dans son Testament.

que le mesme Oracle de l'Eglise qui a approuué l'vne condamne l'autre. Certes, ils sont obligez d'acquiescer à l'vn de ses iugemens comme à l'autre, & de le tenir autant infaillible, s'ils ne croyent que l'esprit de Dieu l'assiste moins aux derniers siecles qu'aux premiers, & que sa prouidence l'abandonne en fin, afin que nous soyons errants à tout vent de doctrine.

Que si les vrais Catholiques ne doiuent plus defendre vn Liure qui s'est trouué contenir des opinions condamnées par les chefs de l'Eglise, les bons François le doiuent encor moins, à cause de l'Autheur qui a écrit vne inuectiue si sanglante, auec autant de passion que peu de raison, contre la Religion de nos

Rois, & la iuſtice de leurs armes. Si ç'a eſté vn motif au Roy d'Eſpagne de le nommer à ſon Eueſché, & à l'Archeueſque de Malines de ne vouloir point publier la Bulle de ſa Saincteté contre ſon Liure, c'en doit eſtre vn non moins puiſſant, pour nous donner pluſtoſt de garde de ſa doctrine, qui nous diuiſe & qui ſemble vne pomme de diſcorde qu'il a iettée dedans la France.

Ces Meſſieurs qui ont traduit & publié depuis peu, les raiſons & les motifs de cét Archeueſque, ont bien conſideré que celui-la ne deuoit point animer des François à ſuiure ſes ſentimens. Car ils en ont retranché ces mots, *Qu'il eſt eſtimé l'Autheur de cét excellent Liure intitulé, Le Mars François, qui a ſi ſolidement defendu les*

Quod præclari illius libelli, cui nomen Mars Gallicus, eſſe cenſeatur;

droicts & la preeminence de la Monarchie Espagnolle, & la iustice de ses armes, qu'on n'a point encore rien veu paroistre de plus pernicieux à l'Estat de Frãce. Ainsi ils ont mieux aimé estre moins fidelles en leur traduction, que de paroistre moins touchez de l'honneur de la France, en rendant vne telle raison, qui deuoit aussi plustost retenir des bons François, de se laisser emporter à ces vents de doctrines diuerses & estrangeres.

quo cum hactenus nihil ad asserenda Hispanicæ Monarchiæ iura, ac præcellentiam & armorum iustitiam solidius; ita nihil vnquam Franciæ rebus magis exitiosum prodiisse visum fuit.

En l'écrit intitulé, Rationes & motiua cur illustrissimus dominus Archiepiscopus Mechliniensis hactenus abstinuerit à promulgatione Bullæ Insenix.

Ie finy pour ne point passer les bornes que ie me suis voulu prescrire. C'est aussi assez pour vous dire, que vous deuez demeurer fermes dans la creãce des veritez de la grace que vous auez apprises dés vostre enfance dans l'Eglise, & ne point écouter ceux qui vous annoncent le contraire, quoy que la pieté puiſſe paroiſtre ſur leurs viſages & dans leurs diſcours. Car en ſuiuant leurs fauſſes lumieres, il ne vous pourroit arriuer que le meſme qui arriue à ceux qui ſuiuent ces feux errāts que l'on voit quelquesfois s'allumer dans l'air, qui ne ſeruent qu'à les faire tomber dans des precipices. On ne peut pas ſi toſt quitter la bonne doctrine receuë & authoriſée de l'Egliſe, que par vn égarement funeſte, on ne tōbe dans des erreurs qui diuiſent les eſprits, & qui les ſeparent de la charité de IESVS-CHRIST. Si l'on croit que ces Cometes qui paroiſſent toutes rouges de feu dans le Ciel, menaſſent le monde de guerres & de malheurs, on voit pluſtoſt que ces opinions nouuelles qu'on publie

publie auec tant de chaleur, ne causent, que des disputes & des dissentions, qui rompent le lien de la paix, sans laquelle personne ne verra iamais Dieu. Il n'est dóc pas besoin de vous exhorter à garder fidellement la doctrine que vous auez vne fois receuë. Vôtre esprit qui est constant, & qui aime la paix, ne peut estre susceptible des impressions des nouuelles doctrines qui l'a troublét. Il ne peut les souffrir, n'y voyant que de la vanité, & des sujets d'aigreur & de contention, qui en naissent tous les iours. Vous ne pourrez aussi ce me séble, qu'approuuer le zele des Docteurs, qui selon leur deuoir, s'opposent à ces nouueautez, veu que ce n'est que pour conseruer l'vnité de la foy & l'vnion des esprits qu'elles peuuẽt corrompre. Dieu qui eſt *le Dieu de paix & d'amour*, & *qui nous a appellez à vne vie tranquille & paiſible*, vueille par ſa grace gouuerner tellement tous les eſprits, qu'ils demeurent dans l'obeïſſance de la foy, & qu'*ils ne ſoient qu'vn*, ſuiuant la priere de ſon fils noſtre Seigneur, pour le benir d'vn meſme cœur & d'vne meſme bouche, ſans eſtre plus diuiſez ny d'affections ny de ſentimens. Ainſi ſoit-il.

Deus pacis & dilectionis, 2. *Cor*. 13. In pace autem vocauit nos Deus. 1. *Cor*. 7.

Vt ſint vnum. *Ioan*. 17.

FIN.